Fenêtres sur le Ciel

Fenêtres sur le Ciel

L'autre, le dialogue et la paix
chez les fils d'Abraham

Sous la direction d'Aly El-Samman

Ont contribué à cet ouvrage : Dr Aly El-Samman,
Mgr Mounir Hanna Anis, Grand Rabbin René-Samuel Sirat,
Rabbin Michel Serfaty et Grand Rabbin David Rosen,
Mgr Michael L. Fitzgerald, Dr Marie-Laure Mimoun-Sorel,
Grand Mufti Aly Gomaa, Dr Mahmoud Azab et
Dr Abdel Moity Bayyoumi

Desclée de Brouwer

Traductions des textes sacrés :

La Bible du rabbinat : traduction du Tanakh de Zadoc Kahn (1899).

La sainte Bible, Nouveau Testament : traduction Louis Segond (1910).

Le saint Coran : traduction et commentaire de Muhammad Hamidullah, avec la collaboration de M. Leturmy (1959).

www.ddbeditions.fr

10, rue Mercœur, 75011 Paris
ISBN : 978-2-220-06572-4

Pourquoi ce livre ?

Voilà bien des années que ce projet de livre m'habitait : depuis 1995 exactement, date à laquelle fut officiellement lancé le dialogue interreligieux dans le cadre de l'Union internationale pour le dialogue interculturel et religieux et l'éducation de la paix (ADIC) que je préside encore aujourd'hui, et qu'avaient fondé mon maître ès dialogue, le regretté docteur Adel Amer et le Père Blanc Michel Lelong.

Aller à la recherche des concepts communs aux trois religions monothéistes, tel était mon objectif, et c'est cette même quête qui m'a conduit, en ma qualité de conseiller du grand imam d'Al-Azhar pour le dialogue interreligieux et de vice-président du Comité permanent d'Al-Azhar pour le dialogue entre les religions monothéistes (avec, à sa tête, le cheikh Fawzi El-Zefzaf, vice-recteur d'Al-Azhar), à participer à l'élaboration et à la signature de deux accords historiques pour le dialogue islamo-chrétien.

Le premier fut signé entre Al-Azhar et le Vatican en 1998. Cette entreprise, que j'ai initiée avec le cardinal Franz König et le grand imam Gad El-Haq Aly Gad El-Haq, aujourd'hui disparus, a reçu le soutien indéfectible du pape Jean-Paul II et du grand imam Mohamed Sayed Tantawy, successeur du grand imam Gad El-Haq Aly Gad El-Haq. Le cardinal Francis Arinze et Mgr Michael Fitzgerald ont également, par leur contribution inestimable, assuré la réussite de cet accord.

Le second fut signé, en 2001, entre Al-Azhar et la Communion anglicane, représentée par l'archevêque de Canterbury Georges Carey, le chanoine Christopher Lamb et l'évêque Anis pour l'Église anglicane ; et pour Al-Azhar, par Sheikh Mohamed Sayed Tantawi, le grand imam d'Al-Azhar, Sheikh Fawzi El-Zefzaf, le président du Comité permanent pour le dialogue islamo-chrétien d'Al-Azhar, et moi-même.

Cette recherche de points communs entre les trois religions abrahamiques a également très tôt trouvé à se nourrir de mes entretiens avec les représentants de la religion juive, en France, en Europe, aux États-Unis et en Israël.

Devenu président de l'ADIC, s'est donc imposée à moi comme une évidence la nécessité d'élargir au judaïsme, dans l'appellation même de cette association, la référence initiale au seul « dialogue islamo-chrétien », tant j'ai la conviction que le lien entre les trois religions monothéistes réside en l'unicité de la figure d'Abraham.

Maintenant, dans ce même esprit, l'ADIC s'engage aussi dans la notion essentielle de dialogue des cultures, la vie m'ayant enseigné combien ce dernier peut apaiser et pacifier les rapports entre les religions.

Cela étant, je dois reconnaître, à la lumière de mon expérience, que nous, hommes et femmes de dialogue, n'avons pas réussi, jusqu'à ce jour, à faire descendre cette volonté de dialogue au cœur de la réalité quotidienne des individus. Et pourtant les textes sacrés sont là pour nous y encourager sans cesse.

On est dès lors fondé à se demander ce que serait le destin de l'homme sans la religion, sans la foi, parce que la religion et la foi signifient d'abord comprendre et aimer l'autre. Que serait un monde sans amour ?

C'est donc ce retour à l'essence vraie des textes sacrés des trois religions abrahamiques qu'il nous faut opérer, à l'instar, par exemple, de ce qu'ils nous enseignent, dans la Bible hébraïque qui réserve à l'étranger ou à l'inconnu une position privilégiée, sans commune mesure avec le traitement infligé, de nos jours, aux Palestiniens arabes par certains Israéliens. Et il faut avouer que la même appréciation vaut pour certains musulmans qui véhiculent une interprétation erronée du Coran au détriment des non-musulmans.

Je ne peux m'empêcher, à cet égard, de penser aux propos de mon ami Théodore Klein, ancien président du Conseil représentatif des institutions juives de France (CRIF) lorsqu'il disait : « Il convient d'être sage, mais on l'oublie parfois. Quant à moi, je constate que tout est dit dans ce texte et c'est dommage que l'humanité en soit tellement éloignée. »

Pour aimer Dieu, nous devons nous aimer les uns les autres et nous attacher à converger sur le fait qu'aucune religion n'a le monopole de la foi, qu'aucune religion n'a le monopole de la parole de Dieu, qu'aucune religion n'a le monopole pour déterminer la place des êtres auprès de Dieu, mais que toutes ont le dessein, en revanche, de nous appeler à l'acceptation de l'autre, au dialogue et à la paix qui sont irrémédiablement liés.

En effet, la paix, cet idéal universellement partagé qui nous permet de vivre ensemble, dans l'harmonie, sans animosité et sans guerre, résulte en grande partie du dialogue, choix individuel tendu vers une compréhension réciproque, qui commence par l'acceptation de l'autre.

C'est à la lumière de ces trois thématiques, et dans un esprit de rapprochement, que d'éminentes personnalités, nourries par la foi et l'expérience, ont accepté de nous livrer, en les commentant et en les éclairant, certains passages de la Bible hébraïque, des Évangiles et du Coran.

Je forme donc le vœu, au nom de l'ADIC, que ce livre, qui illumine le cœur de l'acte de foi juif, chrétien et musulman, permette aux croyants, qui forment la majorité de l'humanité, de mieux se connaître et se comprendre pour mieux servir la paix.

Dr Aly El-Samman
Président de l'Union internationale
pour le dialogue interculturel et religieux
et l'éducation de la paix

Remerciements

Je veux exprimer tous mes remerciements aux personnalités qui ont accepté d'apporter leur précieuse contribution à cet ouvrage :

Le grand mufti Aly GOMAA, qui jouit du respect et de l'estime de millions de musulmans, mais aussi de non musulmans tant sa science, sa foi et sa force de conviction sont profondes. Je lui suis très reconnaissant pour son soutien constant et son discernement.

Le grand rabbin René-Samuel SIRAT, qui a honoré de sa présence la conférence sur le dialogue interreligieux organisée par l'ADIC à la Sorbonne en 1995, et qui s'est toujours distingué par ses rapports ouverts avec les représentants des deux autres communautés abrahamiques.

Mgr Michael FITZGERALD, qui a œuvré si patiemment, avec le cardinal Arinze, et sous la haute bienveillance de Sa Sainteté le pape Jean-Paul II, à la signature de l'accord entre Al-Azhar et le Vatican en 1998.

Le rabbin Michel SERFATY, à qui je suis, en tant que musulman, très reconnaissant d'avoir fondé l'Association judéo-musulmane de France (AJMF), avec la coopération de la Grande Mosquée de Paris.

Le grand rabbin David ROSEN, qui s'est toujours distingué dans nos rencontres lors de conférences internationales, par la rectitude de sa pensée, la simplicité de ses exposés et sa capacité à ouvrir son cœur à tous, ce qui lui a valu le respect, notamment, des plus hautes instances du Vatican et de l'Église d'Angleterre.

Mgr Mounir Hanna ANIS, évêque du diocèse anglican d'Égypte, d'Afrique du Nord et de la Corne d'Afrique ; président de la Province anglicane de Jérusalem et du Moyen-Orient ; et maître d'œuvre de l'accord entre Al-Azhar et la Communion anglicane en 2001. Mgr Anis continue à déployer sans répit, à mes côtés, ses efforts au service du dialogue et de la paix.

Le docteur Mahmoud AZAB, conseiller du grand imam d'Al-Azhar pour le dialogue interreligieux, que j'ai connu à Paris où il était professeur titulaire d'islamologie à l'Institut national des langues et civilisations orientales (INALCO).

Le regretté docteur Abdel Moity BAYYOUMI, ancien membre du Conseil suprême des affaires islamiques et de l'Académie de recherche islamique d'Al-Azhar, et fidèle militant du dialogue interreligieux. J'ai eu l'honneur de collaborer avec lui à maintes reprises. Son apport nous fera grandement défaut.

Le docteur Marie-Laure MIMOUN-SOREL de l'Université catholique australienne, qui a relié son savoir à son expérience de la foi pour nous livrer un commentaire des Évangiles qui a inspiré à Mgr Franz König, archevêque de Vienne, président de la Commission du dialogue au Vatican et président d'honneur de l'ADIC, le commentaire suivant : « Bien qu'étonné par le jeune âge de son auteur, je peux vous affirmer que je souscris à l'intégralité de ce texte. Je n'en changerais pas une lettre. »

Victoria HARPER, amie et collaboratrice, dont le professionnalisme et la capacité de coordination, ont permis la réalisation de ce livre.

Dr Aly EL-SAMMAN
Président de l'Union internationale
pour le dialogue interculturel et religieux
et l'éducation de la paix

Introduction

Alors que le monde est sujet à un nombre croissant de tensions et de conflits sectaires, les adeptes du judaïsme, du christianisme, et de l'islam oublient souvent que ces trois grandes religions enseignent essentiellement la même chose, à savoir que chacun se doit d'honorer et de prendre soin d'autrui. Leurs textes sacrés dont l'origine remonte à Abraham, sont unanimes à ce sujet.

En effectuant une recherche méticuleuse des textes du judaïsme, du christianisme et de l'islam, des chercheurs de haut niveau issus d'institutions réputées comme l'Université catholique d'Australie, Al-Azhar et le Comité juif américain, ont dégagé des lignes directrices claires concernant les questions qui se posent avec plus d'acuité sur l'acceptation de l'autre, le dialogue et la paix. Il ressort de ces écrits que tous les individus, surtout les adeptes des religions abrahamiques, ont un devoir moral d'accepter et de protéger non seulement leurs frères mais aussi ceux qui sont différents par la race, la culture et la religion.

Les artisans de la paix préconisent depuis longtemps la nécessité et l'importance du dialogue. Leur opinion se trouve ici vérifiée dans les extraits des textes sacrés expliqués par d'éminents spécialistes des religions. Ils reconnaissent que respecter les autres et travailler ensemble à résoudre des questions difficiles n'est pas tache facile car, avant tout, cela requiert beaucoup d'humilité. Cependant, c'est en acceptant les autres et en coopérant avec eux que se trouve corroboré notre hommage à l'héritage d'Abraham.

L'appel à la compassion et l'engagement à la paix que l'on trouve dans ce livre datent de plusieurs siècles et pourtant, ils sont tout autant d'actualité aujourd'hui qu'ils l'étaient à l'époque où les enseignements d'Abraham sont devenus partie intégrante des traditions les plus sacrées pour les juifs, les chrétiens et les musulmans. Cet appel est trop souvent étouffé par les inquiétudes et les peurs engendrées par la complexité de notre époque. C'est pourquoi ce livre, écrit par les spécialistes faisant autorité en la matière, tend à rappeler que la foi est une assertion et non pas la négation de cette équation humaine fondamentale : accepter et être accepté, c'est vivre en paix.

Dans l'avant-propos de ce livre, Mgr Mounir Hanna Anis résume la logique d'acceptation des autres par une citation de l'évangile selon saint Jean : « Si quelqu'un dit :

J'aime Dieu et qu'il haïsse son frère, c'est un menteur, car celui qui n'aime pas son frère qu'il voit comment peut-il aimer Dieu qu'il ne voit pas ? »

En effet, comment pouvons-nous prétendre aimer Dieu que nous n'avons jamais vu si nous rejetons les enfants de Dieu se trouvant devant nous ?

Dans la préface au chapitre sur les thèmes de l'acceptation de l'autre, du dialogue et de la paix dans la Bible hébraïque, le grand rabbin René-Samuel Sirat confirme que les passages bibliques choisis par les auteurs illustrent de façon précise une espérance juive sincère qui affirme « sa foi en un avenir d'amour partagé entre tous les frères humains ». Il ajoute que la paix universelle et la fraternité dépendent des « valeurs éternelles dont les religions monothéistes sont porteuses ».

Dans « À la rencontre de l'autre », chapitre écrit conjointement par le rabbin Michel Serfaty et le grand rabbin David Rosen, des passages de la Bible hébraïque expliquent la vraie dignité de l'homme comme venant de Dieu lui-même, chaque homme étant créé à Son image. « Du fait que Dieu a créé chaque être humain à Son image, le souci du bien-être de toute l'humanité est partie intégrante de la foi juive », écrivent les auteurs. Dans la mesure où nous descendons tous d'Adam, nous sommes tous frères et sœurs, indépendamment des différences religieuses, culturelles ou raciales.

Quant à l'acceptation de l'autre, il y a un fort courant de justice sociale dans la Bible hébraïque. Dieu est non seulement le Créateur, mais Il est aussi moral, juste et droit. Son commandement clair est établi dans le Lévitique : « Aime ton prochain comme toi-même : je suis l'Éternel. » Ce commandement s'applique à l'étranger qui habite parmi les indigènes, et même les ennemis doivent être nourris et protégés.

En ce qui concerne le dialogue, les auteurs écrivent : « Le vrai dialogue, en particulier entre les croyants, constitue donc un impératif religieux. » Dialoguer pour le bien de la paix, c'est suivre les instructions données par la Bible hébraïque, non seulement pour éviter le mal et faire le bien, mais pour poursuivre consciemment la paix. De fait le mot hébreu pour paix – *shalom* – vient de la racine *shalem* signifiant tout, complet et bien. La paix est un tout et est nécessaire au bien-être.

Dans la préface du chapitre « En chemin vers la paix », présentant les thèmes de l'acceptation, du dialogue et de la paix dans les Évangiles, Mgr Michael Fitzgerald explique que dans les années 1960, l'Église catholique prônait officiellement l'ouverture dans ses rencontres et relations avec les autres religions. En particulier, l'encyclique *Nostra Aetate* du concile de Vatican II stipule que l'Église ne devrait jamais repousser la vérité présentée par d'autres religions (*NA* 2) et qu'elle porte un profond respect aux musulmans (*NA* 3).

Dans cet esprit, le docteur Marie-Laure Mimoun-Sorel, auteur du chapitre « En chemin vers la paix », montre combien l'acceptation de l'autre conduit l'être humain vers l'amour inconditionnel enseigné par Jésus, et explique que le pardon est indissociable de l'amour inconditionnel. Dans l'évangile selon saint Mathieu, saint Pierre demande à Jésus : « Maître, combien de fois, pardonnerai-je à mon frère qui aurait péché à mon égard ? Irais-je jusqu'à sept fois ? » Jésus répondit : « Non pas sept fois, mais soixante-dix fois sept fois » (Matthieu 18,21-22).

Le docteur Mimoun-Sorel décrit cet enseignement du pardon comme un cheminement vers la paix, à la fois intérieur et extérieur : « Le pardon cicatrise les plaies, il libère du passé, il redonne vie » et « après avoir accepté l'autre, abandonné ses inquiétudes et ses jugements, pardonné les offenses et s'être soumis à la volonté de Dieu, la paix vient naturellement d'elle-même ».

Pour ce qui est du dialogue, elle montre que, selon les Évangiles, le succès dépend en grande partie de la foi et de l'ouverture de cœur de chacun : pour instaurer un dialogue constructif, il convient d'être en harmonie avec la volonté divine et pour que la communication puisse être productive, elle se doit d'être menée avec humilité. Un dialogue superficiel ne produit jamais de fruits alors que s'il est nourri d'humilité et de foi en Dieu, il permet de surmonter les obstacles avec dignité et intégrité.

Dans la préface au chapitre « Un message d'unité » mettant en lumière les thèmes de l'acceptation de l'autre, du dialogue et de la paix dans le Coran, le grand mufti Aly Gomaa met l'accent sur les similitudes entre les religions qui ont en partage leur lignage abrahamique et y trouvent une raison de coopération. Il écrit : « Les éléments de consensus entre l'islam et les autres religions monothéistes sont beaucoup plus importants que les éléments de divergence. [...] Il n'y a pas d'excuse à l'isolement et à la séparation. »

Les docteurs Mahmoud Azab et Abdel Moity Bayyoumi illustrent cette notion par des exemples pris dans le Coran, montrant ce que l'islam doit au judaïsme et au christianisme. En fait, le Coran ne décrit pas l'islam comme une nouvelle religion mais plutôt comme une continuation de la religion « des anciennes nations », et les prophètes des tout premiers livres saints sont évoqués à maintes reprises dans ce contexte. L'un des versets du Coran, ou sourate, décrit la naissance virginale de Jésus comme un miracle accompli pour des hommes ayant la même foi en Dieu.

Les liens religieux et historiques partagés par les enfants d'Abraham constituent une base solide au dialogue. La coopération avec les autres pour arriver à la paix est si importante que, même en cas de guerre, le Coran appelle les musulmans à tendre la main vers ceux désireux de faire de même.

Quant aux relations entre différents groupes ethniques, il nous est démontré que Dieu nous a créés délibérément différents les uns des autres de façon à nous inciter à penser, à apprendre et à explorer l'essence de notre condition humaine. C'est le texte religieux le plus révélateur sur la nécessité du dialogue pour accomplir notre devoir envers Dieu et l'un envers l'autre, et pour s'engager à communiquer et à coexister en paix.

À la lecture des interprétations savantes des versets des textes sacrés des trois religions abrahamiques, nous découvrons un message commun émanant de leur vaste éventail d'enseignements. Ce message est un message incitant à tendre la main vers les autres et à reconnaître leur humanité intrinsèque, car découvrir ce que nous avons en commun, c'est trouver Dieu.

En acceptant l'autre et en apprenant à parler le langage du cœur, nous comprenons vraiment les enseignements religieux qui ont été révélés pour nous guider. Tout ce pour quoi nous vivons, les opinions que nous professons et les valeurs qui nous tiennent à cœur. Tout ce dont nous discutons en dialoguant et tout ce que nous faisons suite à ce dialogue. Tout cela se résume en une quête simple : accepter l'autre pour œuvrer en faveur de la paix.

Dr Aly El-Samman
Président de l'Union internationale
pour le dialogue interculturel et religieux
et l'éducation de la paix

De gauche à droite :

Dr Hamdy ZAGZOUG, Doyen du département de Théologie d'Al-Azhar ;
Cardinal Franz KÖNIG, d'Autriche ;
Dr Aly EL-SAMMAN, l'auteur ;
et René-Samuel SIRAT, ancien Grand Rabbin de France,
lors de la Conférence interreligieuse à la Sorbonne, Paris, 1994.

Cardinal Franz KÖNIG (à gauche), membre du Sacré Collège des Cardinaux au Vatican ; Grand Imam Sheikh Gad El-Haq Aly GAD EL-HAQ (au centre) et l'auteur (à droite), à Berne en 1993.

Le pape JEAN-PAUL II remercie l'auteur pour ses efforts qui ont abouti à la création du Comité Conjoint pour le Dialogue entre le Vatican et Al-Azhar, Cité du Vatican, 1998.

Le Grand Rabbin René-Samuel SIRAT (au centre),
le Grand Imam Mohamed Sayed TANTAWI (à gauche) et l'auteur
(à droite) à Al-Azhar, Le Caire, 1999.

Le pape SHENOUDA III et l'auteur
au Caire, 2006.

De gauche à droite :

L'auteur,
avec l'Évêque Mounir Hanna ANIS
et l'Archevêque de Canterbury Justin WELBY
lors de sa visite à la « Cathédrale de tous les Saints »,
Le Caire, 2013

Avant-propos

Instaurer un dialogue constructif, c'est l'objectif de toute une vie pour lequel les personnes impliquées avancent de concert avec sincérité et confrontent directement faiblesses et défis éventuels qui pourraient se présenter sur leur chemin.

Cet objectif fait face à de nombreux défis, comme par exemple la façon de mettre en pratique sur le terrain la culture du dialogue et l'acceptation de l'autre, tout comme la façon de passer de l'« acceptation de l'autre » à l'« amour » du prochain.

Le docteur Aly El-Samman, président de l'Union internationale pour le dialogue interculturel et religieux et l'éducation de la paix, mène à bien ce dialogue constructif grâce à une approche de personne à personne. De ce fait, lorsque les individus de chaque religion échangent les uns avec les autres, cela sert la société tout entière : le contact est établi, des similitudes sont relevées et la communication s'en trouve renforcée.

S'unir pour servir est véritablement une des méthodes les plus efficaces pour garantir un dialogue, un dialogue pour lequel l'amour de l'humanité dans toute sa diversité est le mobile sous-jacent de la participation. Une action commune approfondit l'amour et les liens interreligieux et favorise les actions justes.

La Bible nous rappelle que « si quelqu'un dit : J'aime Dieu, et qu'il haïsse son frère, c'est un menteur, car celui qui n'aime pas son frère qu'il voit comment peut-il aimer Dieu qu'il ne voit pas ? » (1 Jean 4,20).

Réfléchir à cela me rappelle que pour aimer Dieu, nous devons nous aimer les uns les autres. Je crois que ce livre va à la fois intensifier la compréhension entre les peuples et nous aider à mieux nous apprécier mutuellement en tant que créatures de Dieu.

Mgr Mounir Hanna Anis
Évêque du diocèse anglican d'Égypte,
d'Afrique du Nord et de la Corne d'Afrique
Président évêque anglican de la Province
de Jérusalem et du Moyen-Orient

Acceptation de l'autre, dialogue et paix dans la Bible hébraïque

Préface

C'est une excellente initiative que celle prise par le docteur Aly El-Samman, président de l'ADIC, de publier une présentation des positions fondamentales des religions issues d'Abraham sur les thèmes essentiels de notre foi respective tels que l'acceptation de l'autre, le dialogue interreligieux et l'enseignement de la paix.

Le 13 juin 1994, le docteur El-Samman présidait la rencontre internationale pour le dialogue interreligieux à la Sorbonne avec le docteur Hamdi Zagzoug, doyen de la Faculté de théologie d'Al-Azhar, au Caire, et le regretté cardinal König, l'archevêque de Vienne. Cet ouvrage s'inscrit dans la continuité de la décision que, ce jour-là, nous avions prise ensemble de « ne plus jamais séparer les enfants d'Abraham ».

Dans les temps difficiles que traverse l'humanité tout entière, il est nécessaire de rappeler avec force les valeurs éternelles dont les religions monothéistes sont porteuses et qui constituent une contribution indispensable à la paix et à la fraternité universelles.

Les textes bibliques et rabbiniques présentés par nos collègues constituent une présentation claire et fidèle des croyances et convictions que le judaïsme s'honore d'avoir révélées à l'humanité. Ils sont également à la base de l'espérance juive qui affirme sa foi en un avenir d'amour partagé entre tous les frères humains.

Enfin, le TaNaKh (nom que porte la Bible en hébreu) affirme solennellement que, malgré les violences, les guerres, les destructions dont les humains se rendent coupables, viendra certainement le temps où selon la prophétie d'Isaïe (11,9), « aucun méfait ne sera commis, ni aucune violence, sur toute Ma Montagne Sainte, car la terre sera remplie de la connaissance de Dieu, comme l'eau abonde dans les lits des océans ».

René-Samuel SIRAT
Ancien Grand Rabbin de France
Secrétaire général de la Fondation pour la recherche
et le dialogue interreligieux et interculturels (FIIRD), Genève

À la rencontre de l'autre

Introduction

La sainte Bible du judaïsme est un ensemble de 39 livres écrits en hébreu entre le XIIIe et le IIe siècle av. J.-C. Le terme TaNaKh est un acrostiche juif du nom de la Bible hébraïque, dans la mesure où elle est divisée en trois parties : la *T*orah (Pentateuque), *N*evi'im (Prophètes) and *Kh*etuvim (Écrits, tels que les livres des Psaumes, des Proverbes, et ceux des Prophètes Auxiliaires).

Traditionnellement, seule la Torah est considérée comme la parole littérale de Dieu révélée par l'intermédiaire de Moïse au mont Sinaï et destinée aux enfants d'Israël. Ainsi, la Torah est-elle considérée par les juifs comme le « manuel » sanctionné par Dieu pour vivre en accord avec la volonté de Dieu pour que la communauté soit :

> Une dynastie de pontifes et une nation sainte.
>
> (Exode 19,6)

Le philosophe français Emmanuel Levinas décrit le judaïsme comme « l'humanisme de *l'autre* », dans la mesure où la propre humanité d'une personne ne peut être découverte et comprise que par la reconnaissance de l'humanité de *l'autre*. Nous trouvons donc de nombreux enseignements dans la TaNaKh reflétant cet esprit, mettant en avant les valeurs de la dignité humaine, le respect de *l'autre*, et l'importance de relations pacifiques.

*

Acceptation de l'autre

Dignité de l'être Humain

La Torah estime que la dignité de l'être humain vient de Dieu lui-même. Conformément à l'histoire de la création dans la Genèse (le premier livre du Pentateuque ou Torah), chaque personne est considérée comme créée à l'image de Dieu. Cela signifie qu'il y a une sainteté et une dignité inaliénable en toute vie humaine.

> Dieu créa l'homme à son image, à l'image de Dieu il le créa.
>
> (Genèse 1,27)

En expliquant comment l'humanité provient d'une même source, l'histoire de la création exprime une plus ample instruction morale. Cela inclut la notion d'égalité humaine inhérente (nous sommes tous issus de la même filiation) de même que nous fassions tous partie de la même famille humaine avec une responsabilité l'un envers *l'autre*.

Selon le sage juif du IIe siècle Shimon Ben Azai, le précepte le plus important de la Bible se trouve précisément dans ce texte qui résume la création des premiers êtres humains :

> Voici le livre des générations d'Adam : lorsque Dieu créa l'homme, Il le fit à son image.
>
> (Genèse 5,1)

C'est cette conscience d'être créé à l'image de Dieu qui doit nous empêcher de mépriser ou d'humilier *l'autre*, dit Ben Azai. Agir ainsi reviendrait en définitive à manquer de respect envers Dieu lui-même.

Le fait de savoir que nous sommes créés à l'image de Dieu devrait nous donner le sens de l'inestimable valeur de nos propres vies, de même que celle des autres. Chaque vie individuelle et la dignité de chaque personne doivent être respectées et protégées en conséquence.

Et surtout, ainsi que les sages juifs le soulignent, cette conscience devrait induire le sens de notre lien unique avec le Créateur. Reconnaître *l'autre* en tant que partie de soi-même par le truchement de Dieu, nous amènera non seulement à ne pas suivre le chemin qui conduit à la haine et toute forme de violence envers *l'autre*, mais aussi toutes les idées et idéologies qui stigmatisent l'*autre*.

Dieu lui-même est la source de l'égalité humaine. Une fois que nous reconnaissons le lien divin de chaque être humain avec Dieu, le respect de l'autre en est la conséquence naturelle.

Dans le livre de la Genèse, l'histoire de Caïn et Abel, les fils d'Adam et Ève, reflète, dans la Torah, la priorité divine donnée aux relations humaines et à la responsabilité de l'un envers l'autre. Lorsque Caïn assassine son frère dans un accès de jalousie, Dieu lui demande :

> Où est Abel ton frère ?

Niant la vérité, Caïn répond avec sarcasme :

> Je ne sais ; suis-je le gardien de mon frère ?
>
> (Genèse 4,9)

La question de Dieu n'est pas en soi une enquête sur la mort d'Abel mais plutôt pour rappeler à Caïn qu'Abel est son frère. En tant que descendants d'Adam, nous ne pouvons ignorer notre responsabilité envers nos autres frères. De plus, notre responsabilité de protéger et de prendre soin de notre frère humain – surtout celui qui a été brimé ou maltraité – n'est pas atténuée par des différences de religion, de culture, de nationalité et de race.

Protéger la dignité humaine commence par le respect de la vie. Cependant, s'abstenir simplement de tuer n'est pas suffisant. Le judaïsme demande à ses adeptes d'aider tous ceux qui souffrent ou qui sont en danger, dans la mesure où chacun de nous est « le gardien de son frère ».

Justice sociale

La Torah souligne que Dieu n'est pas seulement le créateur et le Seigneur historique. Il est un Dieu moral : aimant, miséricordieux, compatissant, juste et droit. Créé à l'image de Dieu induit ainsi la responsabilité de vivre conformément à ces valeurs – valeurs qui sont le fondement moral de la société humaine.

La solidarité humaine est présentée comme quelque chose qui devrait être le résultat naturel de nos origines. Dans le judaïsme, ce commandement global pour la bonne action est souvent illustré par :

> Soyez saints ! Car je suis saint, moi l'Éternel, votre Dieu.
>
> (Lévitique 19,1)

En effet, la pléthore de commandements qui suit cette injonction s'intéresse avant tout à la justice sociale.

Ces valeurs ont été précisées par les prophètes bibliques ; par exemple, selon les paroles de Michée :

> Homme, on t'a dit ce qui est bien, ce que le Seigneur demande de toi : rien que de pratiquer la justice, d'aimer la bonté et de marcher humblement avec ton Dieu !
>
> (Michée 6,8)

et par Isaïe :

> Apprenez à bien agir, recherchez la justice ; rendez le bonheur à l'opprimé, faites droit à l'orphelin, défendez la cause de la veuve.
>
> (Isaïe 1,17)

Alors que le sage Ben Azai ci-dessus mentionné donnait une plus grande importance au concept de l'image divine, son contemporain, le rabbin Akiva déclarait que le principe le plus important dans la Torah est le commandement :

> Aime ton prochain comme toi-même : je suis l'Éternel.
>
> (Lévitique 19,18)

Le rabbin Akiva enseignait que non seulement la solidarité humaine devrait découler de notre conscience d'être tous des créatures de Dieu et d'avoir une origine commune ; mais même l'amour de *l'autre* devrait en découler, de même que de notre conscience de la présence divine. En d'autres mots, « Aime ton prochain *qui est* toi-même ».

Le mot *hesed* vient de la racine h.s.d. signifiant « bonté ». C'est la même racine que pour les mots *hasid* et *hasidut – pieux et piété* – associant clairement piété et actes de bonté.

Hasidut a été interprété par nos sages, les rabbins du Talmud[1], comme la loi suprême, équivalant au concept moderne de l'*« équité sociale »*. Ainsi le judaïsme enseigne que la piété n'est pas piété sans justice et bonté.

Le prophète Amos condamne toute piété dénuée de justice :

> Faites-moi grâce du bruit de vos cantiques, que je n'entende plus le son de vos luths ! Mais que le bon droit jaillisse comme l'eau, la justice comme un torrent qui ne tarit point !
>
> (Amos 5,23-24)

1. Le Talmud est la source principale de la loi religieuse juive comprenant la Mishnah et la Guemara.

De même, le prophète Isaïe fustige ceux qui pratiquent le jeûne sans bien saisir le but religieux, éthique essentiel.

> Est-ce là un jeûne qui peut m'être agréable, un jour où l'homme se mortifie lui-même ? Courber la tête comme un roseau, se coucher sur le cilice et la cendre, est-ce là ce que tu appelles un jeûne, un jour bienvenu de l'Éternel ?
> Mais voici le jeûne que j'aime : c'est de rompre les chaînes de l'injustice, de dénouer les liens de tous les jougs, de renvoyer libres ceux qu'on opprime, de briser enfin toute servitude...
>
> (Isaïe 58,5-6)

Dans la Bible hébraïque, les actes de bonté (*hesed*), droiture (*tzedakah*) et compassion (*rahamim*) sont présentés comme les moyens par lesquels les juifs imitent les attributs divins (*Imitatio Dei*).

> Si je l'ai distingué, c'est pour qu'il prescrive à ses fils et à sa maison après lui d'observer la voie de l'Éternel, en pratiquant la vertu et la justice ; afin que l'Éternel accomplisse sur Abraham ce qu'il a déclaré à son égard.
>
> (Genèse 18,19)

> Homme, on t'a dit ce qui est bien, ce que le Seigneur demande de toi : rien que de pratiquer la justice, d'aimer la bonté et de marcher humblement avec ton Dieu !
>
> (Michée 6,8)

> Ton père [aussi] mangeait et buvait, mais il pratiquait la justice et l'équité, et par là il fut heureux ; il faisait droit au pauvre, au malheureux, et il s'en trouvait bien. Voilà certes, ce qui s'appelle me connaître, dit l'Éternel.
>
> (Jérémie 22,15-16)

> Oui, si vous observez bien toute cette loi que je vous prescris d'accomplir, aimant l'Éternel, votre Dieu, marchant toujours dans ses voies et lui demeurant fidèles.
>
> (Deutéronome 11,22)

Suivre la voie de Dieu, c'est honorer les commandements bibliques par des actes de justice et de compassion.

Responsabilité envers le vulnérable

Non seulement les adeptes du judaïsme se doivent de respecter la vie, la dignité, la famille et la propriété des autres, mais la Torah est truffée d'injonctions concernant nos responsabilités envers le vulnérable : le pauvre, l'orphelin, la veuve et l'étranger. Par exemple, il nous est demandé de laisser une partie de nos champs et de nos récoltes aux pauvres et aux non-juifs parmi nous qui ne bénéficient pas du système de soutien familial/communal naturel.

> Quand vous moissonnerez la récolte de votre pays, tu laisseras la moisson inachevée au bout de ton champ, et tu ne ramasseras point la glanure de ta moisson. Tu ne grappilleras point dans ta vigne, et tu ne recueilleras point les grains épars de ta vigne. Abandonne-les au pauvre et à l'étranger : je suis l'Éternel votre Dieu.
>
> (Lévitique 19,9-10)

L'appel à faire preuve de compassion, surtout envers ceux qui ne font pas partie de notre communauté, repose sur la compréhension du caractère moral de Dieu et notre obligation de prendre modèle sur Lui dans notre monde et conduite humaine.

> [...] qui témoigne son amour à l'étranger, en lui assurant le pain et le vêtement.
>
> (Deutéronome 10,18)

Le Pentateuque fait référence, jusqu'à trente-six fois, aux devoirs du peuple juif envers les étrangers. Aucun autre commandement n'occupe une place aussi importante dans la Torah. En effet, non seulement les étrangers doivent être traités avec justice, tout comme les membres de la communauté, mais ils doivent être protégés et aimés.

> Une seule et même loi régira l'indigène et l'étranger demeurant au milieu de vous.
>
> (Exode 12,49)

> Si un étranger vient séjourner avec toi, dans votre pays, ne le molestez point. Il sera pour vous comme un de vos compatriotes, l'étranger qui séjourne avec vous, et tu l'aimeras comme toi-même...
>
> (Lévitique 19,33-34)

Surtout en tant qu'anciennes victimes de l'oppression, les juifs sont mis en garde de ne pas se conduire de la même façon envers les autres.

> Tu ne contristeras point l'étranger ni ne le molesteras; car vous-mêmes avez été étrangers en Égypte.
>
> (Exode 22,20)

Le souvenir des persécutions est souvent mis en avant pour encourager l'empathie envers l'étranger.

> Tu ne vexeras point l'étranger. Vous connaissez, vous, le cœur de l'étranger, vous qui avez été étrangers dans le pays d'Égypte !
>
> (Exode 23,9)

Même les privilèges du Sabbat s'appliquent aux non-juifs au sein de la communauté juive.

> Mais le septième jour est la trêve de l'Éternel ton Dieu : tu n'y feras aucun travail, toi, ton fils ni ta fille, ton esclave mâle ou femelle, ton bétail, ni l'étranger qui est dans tes murs.
>
> (Exode 20,9)

Le lieu saint du judaïsme, le temple de Jérusalem, a été considéré comme un sanctuaire pour l'humanité. Lors de sa consécration, le roi Salomon déclare :

> Je t'implore aussi pour l'étranger qui ne fait pas partie de ton peuple Israël et qui viendrait de loin pour honorer ton nom. Car ils entendront parler de ton grand nom, de ta main puissante et de ton bras étendu, et ils viendront prier dans cette

> maison ; toi, tu l'entendras du ciel, ton auguste résidence, et tu exauceras les vœux que t'adressera l'étranger, afin que tous les peuples du monde connaissent ton nom, qu'ils te révèrent comme ton peuple Israël, et qu'ils sachent qu'elle est sous l'invocation de ton nom, cette maison que j'ai bâtie.
>
> (I Rois 8,41-43)

Et le prophète Isaïe déclare :

> Et qu'il ne dise pas, le fils de l'étranger qui s'est rallié à l'Éternel : Certes, le Seigneur m'exclura de son peuple ! [...] Et les fils de l'étranger, qui s'agrègent à l'Éternel, se vouant à son culte, aimant son nom et devenant pour lui des serviteurs ; tous ceux qui observent le sabbat et ne le profanent point, qui persévèrent dans mon alliance, je les amènerai sur ma sainte montagne, je les comblerai de joie dans ma maison de prières... car ma maison sera dénommée Maison des prières pour toutes les nations.
>
> (Isaïe 56,3, 6-7)

Le croyant, quelle que soit sa croyance, a droit à la compassion et de la justice qui sont les piliers de la morale juive, la base sur laquelle la maison de Dieu est construite. Ceux qui croient vraiment en Dieu doivent être capables de compassion et de justice envers tous, sans distinction de lieu de naissance ou de foi.

L'ennemi

On peut dire que les plus grands défis en termes de conduite envers *l'autre* nous interpellent lorsque ce dernier nous est hostile et devient notre ennemi.

Même si le judaïsme nous demande de nous protéger ainsi que notre communauté contre la violence nous sommes mis en garde de ne jamais oublier l'humanité de *l'autre* – même de ceux qui sont nos ennemis.

> Si ton ennemi a faim, donne-lui à manger ; s'il a soif, donne-lui à boire.
>
> (Proverbes 25,21)

> Lorsque ton ennemi tombe, ne te réjouis point ; s'il succombe, que ton cœur ne jubile pas !
>
> (Proverbes 24,17)

De même, le fait d'avoir un ennemi ne nous autorise pas à ignorer ou piller son bétail ou sa propriété.

> Si tu trouves le bœuf ou l'âne de ton ennemi, égaré, aie soin de le lui ramener. Si tu vois l'âne de ton ennemi succomber sous sa charge, garde-toi de l'abandonner ; aide-lui au contraire à le décharger.
>
> (Exode 23,4-5)

Ces versets montrent clairement que, si l'hostilité ne peut être évitée, chacun devrait être capable de ressentir de la compassion pour l'être humain qui se présente à lui en ennemi.

Salut pour tous

L'interprétation Juive du récit biblique considère l'humanité tout entière comme engagée envers Dieu dans ce que l'on appelle l'Alliance noachique, créée par Noah et ses descendants après le déluge.

> Et moi, je veux établir mon alliance avec vous et avec la postérité qui vous suivra.
>
> (Genèse 9,9)

La tradition juive interprète les divins commandements, ou attentes de l'humanité sur le plan de cette alliance, comme étant constituée de sept principes moraux universels[2]. Ceux qui observent ce code moral universel sont considérés dans la tradition juive comme des « justes parmi les nations », ayant leur place dans le monde à venir.

*

2. Le code moral de l'Alliance noachique interdit l'idolâtrie, l'adultère, le meurtre, le blasphème, le vol, de manger de la viande provenant d'un animal vivant, de même qu'il requiert l'obligation de tribunaux pour faire respecter ces lois.

Dialogue

Alors que la Bible met l'accent sur le dialogue, le prophète Malachie semble être encore plus clair en présentant le dialogue comme une vertu religieuse.

> Cependant les adorateurs de l'Éternel s'exhortèrent mutuellement ; l'Éternel écouta et entendit, et un registre de souvenir fut dressé devant lui en faveur de ceux qui craignent l'Éternel et qui respectent son nom.
>
> (Malachie 3,16)

Malachie présente ce dialogue comme quelque chose de remarquable qui donne grande satisfaction à Dieu. Et si nous revenons à la déclaration préalable de ce prophète :

> Du levant du soleil à son couchant, mon nom est glorifié parmi les peuples en tous lieux.
>
> (Malachie 1,11)

Nous pouvons alors affirmer que le dialogue auquel Malachie se réfère est un dialogue des croyants parmi toutes les nations. Pour le prophète Malachie, le dialogue entre les peuples est, par essence, un acte de dévotion à Dieu.

Alors que Dieu est partout, il n'y a qu'une seule créature qui reflète l'image divine et c'est l'homme. Dès lors, lorsque l'un de nous rencontre *l'autre*, conscient de la présence divine, cette rencontre humaine – le dialogue – acquiert une valeur religieuse en soi. Lorsque nous répondons au divin de *l'autre*, nous démontrons la vénération et le respect de Dieu Lui-même.

Le prophète Isaïe déclare :

> Cherchez le Seigneur pendant qu'il est accessible.
>
> (Isaïe 55,6)

Le vrai dialogue, en particulier entre les croyants, constitue donc un impératif religieux.

*

Paix

L'essence de la Torah

Le mot hébreu pour paix – *shalom* – vient de la racine « shalem », c'est-à-dire tout, complet et bien. Ainsi, « *shalom* », dans la mesure où ce mot est utilisé dans la Bible hébraïque, se réfère au bien-être social et spirituel total.

> Ses voies sont des voies pleines de délices, et tous ses sentiers aboutissent au bonheur.
>
> (Proverbes 3,17)

De même, les sages du Talmud déclarent : « *Toute la Torah est au service de la paix* » (Talmud de Babylone, Guitine 69b) et que c'est cet esprit qui doit animer tous les aspects de notre conduite, à la fois, envers les juifs et les non-juifs.

Réciproquement, seule cette façon de vivre en accord avec la révélation divine nous permettra de vivre vraiment en paix :

> Si vous vous conduisez selon mes lois, si vous gardez mes préceptes et les exécutez, [...] vous demeurerez en sécurité dans votre pays. Je ferai régner la paix dans ce pays, et nul n'y troublera votre repos ; je ferai disparaître du pays les animaux nuisibles, et le glaive ne traversera point votre territoire.
>
> (Lévitique 26,3-6)

De même, la paix est au cœur de tout comportement vertueux et en résulte.

> Et l'œuvre de la justice sera la paix, et le fruit de la droiture sera le calme et la sécurité à tout jamais.
>
> (Isaïe 32,17)

> Observe l'homme intègre, regarde le juste ; certes il y a une postérité pour l'homme pacifique.
>
> (Psaumes 37,37)

Le défi – apporter la paix

La recherche de la paix et de la justice est l'un des thèmes majeurs dans les oracles prophétiques. Par exemple, the prophète Zacharie proclame :

> Voici ce que vous devrez faire : Parlez loyalement l'un à l'autre, rendez des sentences de vérité et de paix dans vos portes ! Ne méditez dans votre cœur aucune méchanceté l'un contre l'autre, n'aimez pas le faux serment, car toutes ces choses, je les hais, dit l'Éternel.
>
> (Zacharie 8,16-17)

Nous sommes en outre non seulement requis d'éviter tout mal mais nous sommes encouragés à poursuivre activement la paix.

> Éloigne-toi du mal et fais le bien, recherche la paix et la poursuis.
>
> (Psaumes 34,15)

Dans ce verset, les sages observent que la Bible donne une plus grande importance à cet objectif de la paix qu'aux autres commandements. Les commandements qui attendent une réponse à quelqu'un, ou bien à une situation donnée, requièrent d'avoir rencontré des personnes ou des situations spécifiques. Par contre, en ce qui concerne la paix, nous sommes obligés de la rechercher et de la promouvoir, c'est-à-dire de mettre tout en œuvre pour faire avancer la cause de la paix.

La rédemption universelle

Les sages déclarent en outre que la rédemption universelle ne viendra que par la paix, comme il est écrit :

> Qu'ils sont gracieux sur les montagnes les pieds du messager qui annonce la paix... qui annonce la délivrance.
>
> (Isaïe 52,7)

En effet, cet objectif ultime de la paix dans la Bible hébraïque représente l'ère messianique dépourvue de toute violence et hostilité.

> Alors le loup habitera avec la brebis, et le tigre reposera avec le chevreau ; veau, lionceau et bélier vivront ensemble, et un jeune enfant les conduira. [...] Plus de méfaits, plus de violences sur toute ma sainte montagne ; car la terre sera pleine de la connaissance de Dieu, comme l'eau abonde dans le lit des mers.
>
> (Isaïe 11,6-9)

> Il arrivera, à la fin des temps, que la montagne de la maison du Seigneur sera affermie sur la cime des montagnes et se dressera au-dessus des

> collines, et toutes les nations y afflueront. [...] Il sera un arbitre entre les nations et le précepteur de peuples nombreux ; ceux-ci alors de leurs glaives forgeront des socs de charrue et de leurs lances des serpettes ; un peuple ne tirera plus l'épée contre un autre peuple, et on n'apprendra plus l'art des combats.
>
> (Isaïe 2,2-4)

Selon ces paroles prophétiques, il viendra un jour où toute l'humanité vivra en paix, une paix venant de la reconnaissance universelle de la présence divine et de la voie divine.

Conclusion

L'essence du judaïsme est que nous sommes tous créatures de Dieu, créées à Son image, et qu'il est de notre devoir dans cette vie sur terre de redécouvrir le divin en nous, de même que chez les autres.

Les circonstances de la vie, tel que le lieu de naissance, les antécédents, le désir et la volonté personnelle, peuvent différencier les gens les uns des autres. Mais si nous approfondissons davantage, nous découvrons que nous partageons tous un lien divin. C'est pourquoi le judaïsme nous dit d'avoir de la compassion pour nos voisins, d'être soucieux des moins privilégiés et de faire preuve de fraternité envers les étrangers.

La Bible hébraïque nous présente la paix comme un idéal à atteindre. La fin de l'humanité aura lieu au moment où cet idéal sera pleinement atteint, où toute hostilité aura cessé. Ce refrain récurrent est parfaitement résumé dans la célèbre phrase :

> Alors le loup habitera avec la brebis...
>
> (Isaïe 11,6)

En attendant ce moment, nous ne pouvons poursuivre cet idéal qu'étape par étape. Nous pouvons surmonter nos inclinations à l'hostilité en reconnaissant le même idéal chez les autres. Nous pouvons respecter la dignité humaine en engageant le dialogue même avec ceux qui s'opposent à nous.

Comme Dieu a créé chaque être humain à Son image, la préoccupation pour le bien-être de l'humanité fait partie intégrale du judaïsme.

Grand rabbin David ROSEN
Directeur des affaires interreligieuses du Comité juif américain (AJC)

Rabbin Michel SERFATY
Président fondateur de l'Amitié judéo-musulmane de France

Acceptation de l'autre, dialogue et paix dans les Évangiles

Préface

Dans ce chapitre, le docteur Marie-Laure Mimoun-Sorel se réfère aux Évangiles pour présenter l'approche chrétienne à l'acceptation de l'autre, au dialogue et à la paix. Pour les chrétiens, ce qu'est Jésus, et ce qu'il a fait, est tout aussi important que ce qu'il a dit. Le fait que Jésus soit « le Verbe fait chair », et la lumière qui éclaire tous les hommes, comme Jean le stipule dans l'introduction à son évangile, le fait que Jésus soit mort sur la croix pour sauver tous les hommes, tout cela atteste de la foi chrétienne fondamentale à se soucier des autres.

Suivant l'enseignement de Jésus, la Première lettre de Pierre donne le conseil suivant aux chrétiens : « D'être toujours prêts à vous défendre, avec douceur et respect, devant quiconque vous demande raison de l'espérance qui est en vous, et ayant une bonne conscience » (1 Pierre 3,15-16). Il faut toutefois admettre que la prise de conscience de ce devoir ne s'est faite que peu à peu et que les chrétiens n'ont pas toujours marqué leur adhésion à l'acceptation de l'autre.

Pour les catholiques romains, le concile œcuménique du Vatican II (1962-1965) a été un point tournant et sa Déclaration *Nostra Aetate* (*NA*) sur la relation de l'Église avec les autres religions a donné une orientation fiable en ce qui concerne les relations interreligieuses. Cette déclaration est née du désir du pape Jean XXIII de convoquer le Concile de Vatican II pour publier une déclaration visant à contrer l'antisémitisme, tant à l'intérieur de l'Église que dans le monde entier. Ce document soulignait le fait que la responsabilité de la mort de Jésus ne pouvait être aveuglément imputée à tous les juifs et que l'Église dénonçait toutes les expressions de haine et toutes les formes de persécution contre les fidèles de la foi juive (*NA* 4).

La portée du document a été étendue aux autres religions. Il soulignait le fait que tous les êtres humains forment une même communauté. Tous sont confrontés aux mêmes questions et tous se tournent vers les différentes religions pour obtenir des réponses aux « énigmes non résolues de l'existence humaine » (*NA* 1). Une attention particulière a été portée aux musulmans pour lesquels l'Église a exprimé son estime. Chrétiens et musulmans étaient exhortés à oublier les dissensions du passé et à travailler ensemble pour promouvoir la justice sociale, les valeurs morales, la paix et la liberté (*NA* 3).

Même avant que cette déclaration ne soit officiellement promulguée, le pape Paul VI a créé un bureau spécial pour les relations avec les adeptes des autres religions, à savoir le Secrétariat pour les non-chrétiens, maintenant connu sous le nom de Conseil pontifical pour le dialogue interreligieux, au sein duquel j'ai eu le privilège de travailler de 1987 à 2006. La compétence en matière de relations avec les juifs était exigée par le Secrétariat pour l'unité chrétienne qui a guidé *Nostra Aetate* pendant le concile de Vatican. En 1974, sous l'égide du Secrétariat pour la promotion de l'unité des chrétiens, a été créée la Commission pour les relations religieuses avec le judaïsme. De la même manière, la Commission pour les relations religieuses avec les musulmans a été créée sous l'égide du Secrétariat pour les non-chrétiens.

La question portant sur le but du dialogue interreligieux est souvent posée. À cela on peut répondre qu'il y a fondamentalement trois objectifs. Le premier est que les adeptes des différentes religions devraient vivre ensemble, en paix et en harmonie. Le second est qu'ils devraient coopérer pour le bien de l'humanité. Le troisième objectif est qu'ils devraient se stimuler mutuellement pour répondre en conscience et avec la plus grande générosité à l'appel de Dieu.

Encouragés par l'exemple des papes Paul VI, Jean-Paul II et Benoît XVI qui ont tous été déterminés à mettre en pratique les enseignements du concile de Vatican II, des contacts ont été établis et des dialogues officiels ont eu lieu avec des groupes représentatifs des musulmans et des juifs de différentes régions du monde. Petit à petit, la nouvelle attitude s'est étendue aux communautés catholiques locales et des structures ont été créées pour instruire les chrétiens et promouvoir le dialogue avec les adeptes des autres religions.

La Commission pour les relations religieuses avec le judaïsme a formé un comité conjoint pour le dialogue avec le Comité juif international pour les consultations interreligieuses (IJCIC), regroupant plusieurs organisations juives. L'Église catholique dialoguait également de façon formelle avec le Grand Rabbinat de Jérusalem.

Parallèlement, de façon à mieux coordonner les efforts avec la communauté islamique, le Conseil pontifical pour le dialogue interreligieux a proposé de mettre en place un comité conjoint avec les organisations islamiques internationales à caractère religieux. Ce comité a été créé le 22 juin 1995, le lendemain de l'inauguration de la mosquée de Rome. Il se réunit chaque année depuis cette date.

À la réunion constitutive de ce comité conjoint, deux délégués d'Al-Azhar étaient présents. Il fut décidé, cependant, qu'Al-Azhar ne ferait pas partie de ce comité dans la mesure où Al-Azhar n'est pas vraiment une organisation internationale, mais plutôt une institution égyptienne de dimension internationale. Cette décision a déçu les Azharites et grâce aux efforts et à la persévérance du Dr Aly El-Samman, un accord spécial fut réalisé en 1998 entre le Conseil pontifical pour le dialogue interreligieux et le Comité permanent d'Al-Azhar pour le dialogue avec les religions monothéistes nouvellement créé. Des réunions ont commencé à se dérouler chaque année en alternance au Caire et à Rome. Après le pèlerinage du pape Jean-Paul II sur les pas de Moïse, pèlerinage qu'il a entrepris pendant le jubilé de l'année 2000, et sa visite à Al-Azhar où il fut accueilli chaleureusement, il fut décidé que la réunion annuelle aurait lieu le ou vers le 24 février, jour anniversaire de cette visite.

Alors que j'étais au Conseil pontifical pour le dialogue interreligieux, j'ai participé à toutes les réunions avec la délégation d'Al-Azhar et après avoir été nommé nonce apostolique en Égypte, j'ai pris part à des réunions tenues au Caire. Nos relations ont toujours été empreintes de grande cordialité et de respect mutuel.

Le comité conjoint n'émet pas de déclarations de nature théologique ; il a fait plutôt des déclarations importantes sur des sujets d'intérêt commun. En 1999 par exemple, le comité a fermement condamné le nettoyage ethnique qui avait lieu dans les Balkans et surtout au Kosovo. En 2001, il a réaffirmé le caractère particulier de Jérusalem pour les trois religions monothéistes et a condamné l'interdiction d'accéder aux lieux saints, tout en apportant son soutien aux efforts pour trouver une solution pacifique à la question des lieux saints à Nazareth. En 2008, le comité a fermement condamné la nouvelle publication des caricatures offensantes et le nombre grandissant des attaques contre l'islam et son prophète, de même que d'autres attaques contre les religions.

On a toujours souligné l'importance d'éviter de généraliser et que le respect mutuel doit reposer sur une connaissance précise. Les réunions du comité n'étaient pas des fins en soi ; leurs conclusions et résolutions devaient être communiquées aux croyants des deux religions. À Rome, des séances publiques ont été organisées généralement à l'Institut pontifical d'études arabes et d'islamologie, et les délégués musulmans ont été interviewés par Radio Vatican.

Au niveau local, le dialogue continue entre chrétiens, juifs et musulmans avec divers degrés d'intensité selon les différents pays. Très souvent ce dialogue est bilatéral, mais il y a des associations telles que La Fraternité d'Abraham en France ou Le Forum des trois religions en Grande-Bretagne, qui rassemblent les adeptes des trois religions. Le dialogue multilatéral a également lieu comme par exemple dans le cadre du mouvement « Religions pour la paix ».

Il n'y a pas vraiment de fin au dialogue dans la mesure où les situations évoluent sans cesse. De nouvelles difficultés et de nouvelles opportunités se présentent, rendant impératif d'avoir des échanges de vues et de chercher des solutions ensemble. Comme l'a dit le pape Benoît XVI, s'adressant aux musulmans en Allemagne en août 2005 : « Le dialogue interreligieux et interculturel entre les chrétiens et les musulmans ne peut être réduit à une option quelconque. C'est en fait une nécessité vitale dont dépend en grande partie notre futur. »

Archevêque Michael L. FITZGERALD
Ancien nonce apostolique (ambassade du Vatican) en Égypte
Délégué à la Ligue des États arabes

En chemin vers la paix

Introduction

En latin, le mot religion signifie « relier ». Être religieux, c'est se relier : en soi-même, à sa famille, aux autres familles, à sa communauté, aux autres communautés, à tous les hommes, à la vie tout entière, à Dieu.

La religion et la pratique religieuse se présentent comme un moyen de se relier et non une fin en soi. En reliant l'être humain à Dieu, la religion le fait passer de l'amour humain à l'amour Divin, de la dualité en lui-même et autour de lui à l'unité en lui et autour de lui. Lorsque l'unité s'installe, la paix s'installe. Les religions sont en quelque sorte des « modes d'emploi » différents qui permettent d'atteindre le même but : être reliés en Dieu.

La religion chrétienne est présentée dans les évangiles de Matthieu, Marc, Luc et Jean dans le Nouveau Testament de la sainte Bible. Ces Évangiles révèlent la vie et l'enseignement de Jésus. L'enseignement donné par Jésus sur l'acceptation de l'autre, le dialogue et la paix fait partie de ce chemin initiatique qui délivre ses adeptes de toute crainte et les conduit à l'amour absolu et inconditionnel. Dans les quatre Évangiles, l'enseignement de Jésus guide le disciple vers une métamorphose de lui-même. Ses paroles sont un chemin d'éveil conduisant l'être humain à renaître en femme et en homme nouveau, en fille et en fils de Dieu à l'image de Dieu.

Comme il en est de même avec les textes sacrés des autres religions, la compréhension des Évangiles ne s'arrête jamais. Au fur et à mesure de l'évolution de compréhension de chacun, de nouvelles réalités qui échappaient précédemment deviennent accessibles. Jusqu'à quel point faut-il avoir compris et vécu les Évangiles pour pouvoir en parler ? Il semble impossible de répondre à cette question. Il n'existe pas de mesure pour évaluer à la fois la rigoureuse compréhension théorique et la diligente mise en pratique de l'enseignement des Évangiles.

Le professeur John Ozolins (2011), de l'Université catholique australienne, soutient que ce n'est pas la quantité de classes de philosophie ou d'étude religieuse qui rend l'être humain plus sage : c'est sa rencontre avec l'autre, avec sa différence, qui lui permet d'évaluer son évolution sur le chemin vers la sagesse. Le docteur Messiha, de confession copte, enseignait que la vraie difficulté du chemin n'est pas tant de connaître les Évangiles mais d'incarner son message.

*

Acceptation de l'autre

Accéder à la tolérance, au respect, à la compréhension de la liberté de l'autre, de ses manières de penser, d'agir, d'exprimer ses opinions politiques et religieuses n'est pas une attitude spontanée pour l'être humain.

Ce dernier a pour réflexe égocentrique de jauger et de juger l'autre en fonction de ce qu'il est ou de ce qu'il croit être. L'individu a beaucoup de difficultés à voir l'autre tel qu'il est. Jésus met en garde contre cet aveuglement :

> Pourquoi vois-tu la paille qui est dans l'œil de ton frère, et n'aperçois-tu pas la poutre qui est dans ton œil ? Ou comment peux-tu dire à ton frère ; Laisse-moi ôter une paille de ton œil, toi qui as une poutre dans le tien ? Hypocrite, ôte premièrement la poutre de ton œil, et alors tu verras comment ôter la paille de l'œil de ton frère.
>
> (Matthieu 7,3-5)

L'acceptation de l'autre demande une profonde introspection. C'est seulement après une honnête investigation de soi-même que l'on est capable de voir les autres sans la distorsion de nos projections.

Naître de l'esprit

Dans les Évangiles, Jésus demande à ses disciples de naître une seconde fois. Il explique qu'après être né de la chair l'humain doit Naître de l'esprit. Naître de l'esprit demande un réveil de la conscience grâce à une ouverture et une transformation spirituelle. L'ouverture du regard à l'intérieur de lui-même connecte le disciple à ses racines divines.

> Mais il y eut un homme d'entre les pharisiens, nommé Nicomède, un chef des Juifs, qui vint, lui, auprès de Jésus, de nuit, et lui dit : Rabbi, nous savons que tu es un docteur venu de Dieu ; car personne ne peut faire ces miracles que tu fais, si Dieu n'est avec lui. Jésus lui répondit : En vérité, je te le dis, si un homme ne naît de nouveau, il ne peut voir le royaume de Dieu. Nicomède lui dit : Comment un homme peut-il Naître quand il est vieux ? Peut-il rentrer dans le sein de sa mère et Naître ? Jésus répondit : En

> vérité, en vérité je te le dis, si un homme ne naît d'eau et d'Esprit, il ne peut entrer dans le royaume de Dieu. Ce qui est né de la chair est chair, et ce qui est né de l'Esprit est esprit. Ne t'étonne pas que je t'aie dit : il faut que vous naissiez de nouveau.
>
> (Jean 3,1-7)

Jésus donne une clé indispensable à ses disciples quand il dit :

> Le Royaume de Dieu est à l'intérieur de vous.
>
> (Luc 17,21)

Si le Royaume de Dieu est à l'intérieur de l'être humain, il est alors possible de le vivre et le ressentir. Cependant, en regardant au-dedans de soi-même on y voit avant tout de l'égoïsme, des peurs, des blessures, des frustrations, des souffrances, des colères… rien qui soit le paradis retrouvé.

Puisque le Royaume de Dieu est à l'intérieur de nous et puisque nous ne le voyons pas à première vue, il doit être caché derrière le rempart de nos inquiétudes, de nos jugements, de nos offenses, de tout ce qui compose l'identité humaine. Ceux qui s'engagent sur un chemin à la recherche de cet amour infini qui repose en eux doivent s'aventurer plus profondément, afin de dépasser les souffrances qui les emprisonnent.

Abandonner ses inquiétudes

L'acceptation de l'autre s'installe quand le disciple commence à lâcher ses inquiétudes égoïstes. Préoccupé à défendre ses intérêts à tout prix, il crée de la dualité en lui-même et de la disharmonie dans le dialogue. Dans les Évangiles, Jésus demande à ses disciples de se vider l'esprit de toutes leurs inquiétudes, de tout ce qui entrave leur progression vers le Royaume de Dieu :

> Qui de vous, par ses inquiétudes, peut ajouter une coudée à la durée de sa vie ? [...] Ne vous inquiétez donc point et ne dites pas : Que mangerons-nous ? De quoi serons-nous vêtus ? Car toutes ces choses, ce sont les païens qui les recherchent. Votre Père céleste sait que vous en avez besoin. Cherchez premièrement le royaume et la justice de Dieu ; et toutes ces choses vous seront données par-dessus.
>
> (Matthieu 6,27-33)

Les inquiétudes ne prolongent pas la vie des humains. En revanche, si amour et paix deviennent les principales quêtes du disciple, Dieu comblera aussi ses besoins matériels. Le Psaume 23 de David décrit les conséquences de cet état d'être, de « reposer en Dieu » :

> L'éternel est mon berger je ne manquerai de rien.

Quand l'être humain se laisse conduire par Dieu, il n'y a rien à craindre parce que, si la vision humaine est limitée, celle de Dieu est omnisciente. Les Évangiles montrent que comprendre cela est indispensable pour être capable d'accepter l'autre et de s'engager dans un dialogue harmonieux.

Sortir du jugement

La loi du Talion : « Œil pour œil, dent pour dent » décrit la loi de réciprocité qui gouverne les interactions entre les humains. Les Évangiles suggèrent que la mesure d'échange soit l'acceptation de l'autre, afin que chacun la reçoive en retour. Dans l'évangile de Matthieu, Jésus enseigne :

> Ne jugez point, afin que vous ne soyez point jugés. Car on vous jugera du jugement dont vous jugez, et L'on vous mesurera avec la mesure dont vous mesurez.
>
> (Matthieu 7,1-2)

Jésus demande à ses disciples de toujours regarder en eux-mêmes avant de remettre l'autre en cause :

> Alors les scribes et les pharisiens amenèrent une femme surprise en adultère ; et la plaçant au milieu du peuple, Ils dirent à Jésus [...] : Moise, dans la loi, nous a ordonné de lapider de telles femmes : toi donc, que dis-tu ? [...] il se releva et leur dit : que celui de vous qui est sans péché jette le premier la pierre contre elle. [...] Quand ils entendirent cela, accusés par leur conscience, ils se retirèrent un à un, depuis les plus âgés jusqu'aux derniers ; et Jésus resta seul avec la femme qui était là, au milieu.
>
> (Jean 8,3-9)

Jésus invite ses disciples de reconnaître ses propres faiblesses afin de mieux comprendre l'autre.

Pardonner les offenses

Le pardon est essentiel dans l'enseignement de Jésus parce que le pardon procure la paix intérieure. Le pardon défit la loi de la réciprocité qui, en tant que mesure d'échange, régit la relation entre l'offenseur et l'offensé. Les deux se condamnent mutuellement à la souffrance : l'offenseur souffre à cause du sentiment de culpabilité tandis que l'offensé souffre à cause du désir de revanche qui l'éloigne de sa paix intérieure.

Jésus montre à ses disciples l'importance de demander pardon à Dieu dans leur prière :

> Pardonne-nous nos offenses !
>
> (Matthieu 6,12)

et il rappelle à ses disciples qu'ils doivent agir avec respect envers les uns les autres :

> Tout ce que vous voulez que les hommes fassent pour vous, faites-le de même pour eux, car c'est la Loi et les prophètes.
>
> (Matthieu 7,2)

Dans l'évangile de Matthieu, Jésus montre la valeur du pardon :

> Alors Pierre s'approcha de lui, et dit : Seigneur, combien de fois pardonnerai-je à mon frère, lorsqu'il péchera contre moi ? Sera-ce jusqu'à sept fois ? Jésus lui dit : Je ne te dis pas jusqu'à sept fois mais jusqu'à soixante-dix fois sept fois.
>
> (Matthieu 18,21-22)

Pour se vider, se libérer de la souffrance d'avoir été offensé, il faut pardonner soixante-dix-sept fois. Jésus montre combien pardonner est un acte important pour la guérison et la paix intérieure. Le pardon cicatrise les plaies, il libère du passé, il redonne vie.

Dans l'évangile de Luc, Jésus utilise la parabole du fils perdu :

> Un homme avait deux fils. Le plus jeune dit a son père : Mon père, donne-moi la part de bien qui doit me revenir. Et le père leur partagea son bien. Peu de jours après, le plus jeune fils ayant tout ramassé partit pour un pays éloigne, ou il dissipa son bien en vivant dans la débauche. [...] Il alla se mettre au service d'un des habitants, qui l'envoya dans ses champs garder ses pourceaux. [...] Étant rentré en lui-même il dit : [...] Je me lèverai, j'irai vers mon père, et je lui dirai : Mon père, j'ai péché contre le ciel et contre toi, je ne suis plus digne d'être appelé ton fils : traite-moi comme l'un de tes ouvriers. [...] Son père le vit et il fut ému de compassion, il courut se jeter à son cou et l'embrassa. [...] Le père dit à ses serviteurs : [...] Mangeons et réjouissons-nous ! [...] Le fils aîné se mit en colère et ne voulut pas entrer. Son père sortit et le pria d'entrer. Mais il répondit à son

> père : Il y a tant d'années que je te sers, sans avoir jamais transgressé tes ordres, et tu ne m'as jamais donné un chevreau pour que je me réjouisse avec mes amis. Et quand ton fils est arrivé, celui qui a mangé ton bien avec des prostituées, c'est pour lui que tu as tué le veau gras ! – Mon enfant, lui dit le père, tu es toujours avec moi, et tout ce que j'ai est à toi ; mais il fallait bien se réjouir parce que ton frère que voici était mort, et il est revenu à la vie : il était perdu, et il est retrouvé.

Cette parabole montre que lorsque l'on accepte vraiment l'autre, personne ne se sent plus offensé. Se sentir offensé, c'est interdire à l'autre le droit de voir et de penser différemment. On se sent offensé lorsque l'on réduit tout ce qui nous entoure à notre vision des choses. En rejetant les autres manières de penser et de voir, on manque de tolérance et d'ouverture à l'identité de l'autre. Le chemin qui mène à l'acceptation de l'autre demande de ne pas se sentir offensé.

Les Évangiles enseignent que le disciple ne peut accéder à l'amour divin, tant qu'il n'a pas réglé ses comptes avec ses frères humains :

> Si donc tu présentes ton offrande à l'autel, et que là tu te souviennes que ton frère a quelque

> chose contre toi, laisse là ton offrande devant l'autel, et va d'abord te réconcilier avec ton frère ; puis, viens présenter ton offrande.
>
> (Matthieu 5,23-24)

Le pardon libère l'être humain. Il lui donne accès à l'amour, la compréhension et la paix et lui permet de prendre des décisions et d'avoir des actions justes.

Se voir en Dieu

Puisque Dieu révèle que l'être humain a été créé à sa ressemblance, ce dernier devrait être capable de vivre dans l'acceptation de l'autre et de ressentir un amour infini pour l'humanité tout entière. Alors pourquoi est-ce si difficile à l'être humain de ressembler à Dieu ? Sûrement parce qu'il ne voit pas l'image de Dieu à la fois en lui-même mais aussi dans l'autre.

Cependant, il est écrit dans la Genèse :

> Dieu créa l'homme à son image, il le créa à l'image de Dieu. Il créa l'homme et la femme.
>
> (Genèse 1,27)

Lorsque quelqu'un dit : « Je crois en Dieu », cela signifie : « J'accepte Dieu sans comprendre. Je crois en Lui mais je ne L'inclus pas en moi. » Croire, c'est admettre sans comprendre. Comprendre signifie inclure en soi. Lorsque l'on dit : « Je crois en Dieu », cela veut dire : « Je crois en Dieu mais je ne l'inclus pas en moi. » En disant cela, l'être humain se sépare de Dieu.

Dans les Évangiles, se contenter de croire en Dieu signifie que le disciple reste dans l'imaginaire, qu'il n'est pas dans la réalité de Dieu.

Jésus invite ses disciples à faire, eux aussi, l'expérience du chemin vers Dieu. Il leur demande de devenir, à leur tour, des fils et des filles de Dieu à l'image de Dieu.

> Comme le Père m'a envoyé, moi aussi je vous envoie
>
> (Jean 20: 21)

À travers l'explication de son rôle dans la continuité de la tradition d'Abraham, Jésus décrit son engagement envers la loi de Dieu :

> Ne croyez pas que je sois venu pour abolir la loi ou les prophètes ; je suis venu non pour abolir, mais pour accomplir. Car, je vous le dis en vérité, tant que le ciel et la terre ne passeront point, il ne disparaîtra pas de la loi un seul iota

ou un seul trait de lettre, jusqu'à ce que tout soit arrivé.

(Matthieu 5,17-18)

À travers les événements de sa vie, Jésus montre à ses disciples que « accomplir la volonté de Dieu », c'est aller au-delà de la connaissance intellectuelle de la loi, que « accomplir » signifie « être » la loi.

Entrer dans l'amour inconditionnel

L'amour inconditionnel est accessible au disciple lorsque celui-ci s'est vidé de ses inquiétudes, qu'il n'est plus soumis au jugement et qu'il a pardonné toutes les offenses. Sans ce travail sur lui-même le disciple n'est pas capable d'aimer.

Dans les Évangiles, Jésus explique comment atteindre l'amour inconditionnel :

1. Aimer les autres sans limite :

Aimez-vous les uns les autres comme je vous ai aimés.

(Jean 15,12)

L'amour pour les autres doit être sans limite tout comme l'amour de Jésus a été sans limite. Jésus prévient ses disciples des difficultés auxquelles ils devront faire face :

> Je vous ai dit ces choses, afin que vous ayez la paix en moi. Vous aurez des tribulations dans le monde ; mais prenez courage, j'ai vaincu le monde.
>
> (Jean 16,33)

On comprend que Jésus a sauvé l'amour en lui. Que personne n'a pu détruire l'amour qu'il porte aux êtres humains. Il encourage ses disciples à faire de même en soumettant leur amour aux épreuves de la vie.

2. Aimer son prochain comme soi-même :

> Quel est le premier de tous les commandements ? Jésus répondit : « Voici le premier : Tu aimeras le Seigneur, ton Dieu, de toute ton âme, de toute ta pensée, et de toute ta force. Voici le second : Tu aimeras ton prochain comme toi-même. Il n'y a pas d'autres commandements plus grands que ceux-là.
>
> (Marc 12,28-31)

En plaçant ces deux commandements au même niveau Jésus fait comprendre que l'amour pour Dieu sera vrai lorsque les disciples seront capables d'aimer leur prochain comme eux-mêmes.

3. Reconnaître son prochain dans tous nos frères d'humanité :

Jésus explique qui devrait être considéré comme le prochain dans sa parabole du Bon samaritain.

> Un docteur de la loi se leva, et dit à Jésus, pour l'éprouver : Maître, que dois-je faire pour hériter la vie éternelle ?
> Jésus lui dit : Qu'est-il écrit dans la loi ? Qu'y lis-tu ?
> Il répondit : Tu aimeras le Seigneur ton Dieu, de tout ton cœur, de toute ton âme, de toute ta force, et de toute ta pensée ; et ton prochain comme toi-même.
> –Tu as bien répondu, lui dit Jésus ; fais cela, et tu vivras.
> Mais lui, voulant se justifier, dit à Jésus : Et qui est mon prochain ?
> Jésus reprit la parole, et dit : Un homme descendait de Jérusalem à Jéricho. Il tomba au

milieu des brigands, qui le dépouillèrent, le chargèrent de coups, et s'en allèrent, le laissant à demi mort. Un sacrificateur, qui fortuitement descendait par le même chemin, ayant vu cet homme, passa outre. Un Lévite, qui arriva aussi dans ce lieu, l'ayant vu, passa outre. Mais un Samaritain, qui voyageait, étant venu là, fut ému de compassion lorsqu'il le vit. Il s'approcha et banda ses plaies, en y versant de l'huile et du vin; puis il le mit sur sa propre monture, le conduisit à une hôtellerie, et prit soin de lui. Le lendemain, il tira deux deniers, les donna à l'hôte, et dit: Aie soin de lui, et ce que tu dépenseras de plus, je te le rendrai à mon retour. Lequel de ces trois te semble avoir été le prochain de celui qui était tombé au milieu des brigands?
– C'est celui qui a exercé la miséricorde envers lui, répondit le docteur de la loi.
Et Jésus lui dit: Va, et toi, fais de même.

(Luc 10,25-37)

Le Samaritain est un étranger dans ce pays, et pourtant il ne se dit pas: « Je laisse ces gens régler leurs problèmes entre eux. » Le Samaritain ne se pose pas de question quant à la race, la religion, la classe sociale de cet homme. Il agit spontanément parce qu'une vie doit être sauvée, peu importe si cet homme n'appartient pas à son peuple. Il le soigne comme s'il était lui-même.

À son tour, celui qui a été sauvé aime naturellement son prochain comme lui-même puisqu'il lui doit la vie. Il a reconnu que sa vie sauvée tient à la miséricorde de l'autre. À l'avenir, il sera lui aussi, capable de ressentir de la compassion. Jésus demande à ses disciples d'être – tout comme ce Samaritain – des semeurs de miséricorde puisque la loi d'amour est contagieuse.

Mais Jésus demande encore plus : être libre comme ce Samaritain qui n'attend aucune reconnaissance, qui s'en va simplement parce qu'il est dans l'amour vrai, celui qui ne crée aucune dépendance.

4. Aimer son prochain tel qu'il est :

> Vous avez appris qu'il a été dit : œil pour œil, et dent pour dent. Mais moi, je vous dis de ne pas résister au méchant. Si quelqu'un te frappe sur la joue droite, présente-lui aussi l'autre. Si quelqu'un veut plaider contre toi, et prendre ta tunique, laisse-lui encore ton manteau. Si quelqu'un te force à faire un mille, fais-en deux avec lui. Donne à celui qui te demande, et ne te détourne pas de celui qui veut emprunter de toi.
>
> (Matthieu 5,38-42)

Jésus demande à ses disciples de cesser d'être en duel avec la vie: de ne pas s'opposer aux épreuves qui se présentent, de dire oui à l'autre. En aimant l'autre tel qu'il est – agresseur, voleur ou pauvre –, on lui rend sa dignité d'homme. La générosité et l'amour éveillent la personne à une autre expression de la vie, à une autre conscience, à une autre dimension. Quant à celui qui met son amour à l'épreuve de la vie, à l'épreuve du monde, il trouve la paix intérieure.

5. Aimer ses ennemis:

Jésus enseigne que pour aimer parfaitement comme le Père céleste aime, on doit aller au-delà de toutes limitations.

> Vous avez appris qu'il a été dit: tu aimeras ton prochain, et tu haïras ton ennemi. Mais moi, je vous dis: Aimez vos ennemis, bénissez ceux qui vous maudissent, faites du bien à ceux qui vous haïssent, et priez pour ceux qui vous maltraitent et vous persécutent, afin que vous soyez fils de votre père qui est dans les cieux; car il fait lever le soleil sur les méchants et sur les bons, et il fait pleuvoir sur les justes et sur les injustes.

Si vous aimez ceux qui vous aiment, quelle récompense méritez-vous ? Les publicains n'agissent-ils pas de même ? Et si vous saluez seulement vos frères, que faites-vous d'extraordinaire ? Les païens n'agissent-ils pas de même ? Soyez donc parfaits, comme votre Père céleste est parfait.

(Matthieu 5,43-48)

Ce que vous voulez que les hommes fassent pour vous, faites-le de même pour eux. Si vous aimez ceux qui vous aiment, quel gré vous en saura-t-on ? Les pécheurs aussi agissent de même. Et si vous prêtez à ceux de qui vous espérez recevoir, quel gré vous en saura-t-on ? Les pécheurs aussi prêtent aux pécheurs, afin de recevoir la pareille Mais aimez vos ennemis, faites du bien, et prêtez sans rien espérer Et votre récompense sera grande, et vous serez fils du Très Haut, car il est bon pour les ingrats et pour les mendiants. Soyez donc miséricordieux, comme votre Père est miséricordieux.

(Luc 6,31-36)

Dans les Évangiles, l'acceptation de l'autre est une toute première étape sur le chemin du royaume de Dieu. Jésus enseigne que l'acceptation de l'autre doit conduire à la compréhension, qui elle-même ouvre l'être humain à un amour de plus en plus grand. Jésus demanda à ses disciples de dépasser leurs limites et d'élargir constamment leur capacité de pardonner, parce que leur amour est appelé à devenir aussi grand que l'amour divin.

*

Dialogue

Dans les Évangiles, le dialogue n'est pas un simple échange d'opinions, c'est un engagement personnel. Jésus enseigne que le dialogue doit se faire de cœur à cœur. Il n'est constructif que si chacun suit l'unique volonté de Dieu, fait don de lui-même et reconnaît l'autre comme une partie de lui-même.

Que ta volonté soit faite

Dans l'évangile de Matthieu, Jésus enseigne aux disciples à suivre la volonté de Dieu :

> Voici comment vous devez prier : Notre Père qui est aux Cieux ! Que ton nom soit sanctifie ; que ton règne vienne ; que ta volonté soit faite sur la terre comme au ciel.
>
> (Matthieu 6,9-10)

La vision de l'être humain est limitée à son degré d'ouverture. « Celle » de Dieu est infinie. Jésus explique :

> Vous jugez selon la chair ; moi, je ne juge personne. Et si je juge, mon jugement est vrai, car je ne suis pas seul ; mais le Père qui m'a envoyé est avec moi.
>
> (Jean 8,15-16)

Jésus demande donc à ses disciples de faire confiance à Dieu comme lui aussi fait confiance à Dieu.

Clarifier ses pensées

Dans les Évangiles, Jésus montre qu'il est nécessaire d'être clair avec soi-même avant d'entrer dans un dialogue :

> Que votre parole soit oui, oui, non, non ; ce qu'on y ajoute vient du malin.
>
> (Matthieu 5,37)

Jésus enseigne que le malin (le mental), n'a jamais une vision pure. Le jeu du malin est d'opposer, de juger, d'interpréter, de vouloir faire cavalier seul, de se croire plus fort que les autres. Le mental reste dans la fermeture de son monde, il n'est jamais dans la réalité du monde.

Le mental divise le disciple et lui donne l'illusion d'être le « roi du monde ». Dans la réalité, le monde

entier ne tourne pas autour de l'individu, c'est l'individu qui est dans le mouvement du monde.
Jésus demande à ses disciples d'être vigilants :

> Que servirait-il à un homme de gagner tout le monde, s'il se détruisait ou se perdait lui-même ?
> (Luc 9,25)

Le vrai but – celui qui apporte la paix – est de garder une clarté d'esprit afin de ne pas sombrer dans le mensonge et la division intérieure. Dans un dialogue avec autrui, un oui ou un non direct et franc, sans condition, implique d'avoir fait le point en soi pour trouver la pure intention.

Dialogue et humilité

Les Évangiles montrent que le dialogue ne doit pas rester dans le superficiel. Il doit engager le disciple jusqu'à la communion avec l'autre, c'est-à-dire au don de lui-même :

> Si donc je vous ai lavé les pieds, moi, le Seigneur et le Maître, vous devez aussi vous laver les pieds les uns les autres ; car je vous ai donné un exemple afin que vous fassiez comme je vous ai fait.

> En vérité, je vous le dis, le serviteur n'est pas plus grand que son Seigneur, ni l'apôtre plus grand que celui qui l'a envoyé. Si vous savez ces choses, vous êtes heureux, pourvu que vous les pratiquiez.
>
> (Jean 13,14-17)

Jésus enseigne que pour communiquer avec les autres il est important de faire acte d'humilité. Si Lui, le Seigneur, lave les pieds de ses serviteurs, ceux-là, à plus forte raison, devront être capables de se mettre à la portée les uns des autres, en toute simplicité. Il montre ainsi que sans un engagement humble et honnête le dialogue reste superficiel et stérile.

Dans les Évangiles, Jésus incite le disciple à dépasser les limites de son orgueil en dialoguant avec ceux qui sont différents de lui :

> Comme Jésus était à table dans la maison, voici, que beaucoup de publicains et de gens de mauvaise vie vinrent se mettre à table avec lui et avec ses disciples. Les pharisiens virent cela, et ils dirent à ses disciples : pourquoi, votre maître mange-t-il avec les publicains et les gens de mauvaise vie ? Jésus les ayant entendus leur dit : ce ne sont pas ceux qui se portent bien qui ont

> besoin de médecin, mais les malades. Allez, et apprenez ce que signifie : je prends plaisir à la miséricorde, et non aux sacrifices. Car je ne suis pas venu appeler les justes, mais des pécheurs.
>
> (Matthieu 9,10-13)

Jésus se donne, il ne reste pas sur un piédestal. En partageant la vie des gens de mauvaise vie, il est capable de les comprendre, de dialoguer avec eux et de répondre à leurs attentes.

Se voir dans l'autre

Dans l'évangile de Matthieu, Jésus affirme que l'empathie doit être à la base du dialogue :

> Tout ce que vous voulez que les hommes fassent pour vous faites-le de même pour eux, car c'est la Loi et les prophètes.
>
> (Matthieu 7,12)

Ce que l'on attend le plus des autres, c'est d'être accepté comme on est. Chacun a un passé, a des rêves inaccomplis, a commis des erreurs et a souffert. Reconnaître ces similarités et transcender les différences est la clé de l'empathie.

En se reliant à Dieu et aux autres êtres humains, on abandonne ses inquiétudes, ses jugements et ses offenses. Unis dans le désir de vivre selon la volonté de Dieu, le dialogue s'harmonise puisque chacun va vers le même but.

*

Paix

La paix coule de source, elle ne se force pas, ne s'achète pas, ne demande aucune concession. La paix se construit à partir de l'unité intérieure qui est en fait le résultat d'une sincère introspection. Après avoir accepté l'autre, abandonné ses inquiétudes et ses jugements, pardonné les offenses et s'être soumis à la volonté de Dieu, la paix vient naturellement d'elle-même.

Dans sa parabole du semeur Jésus invite ses disciples à rester vigilants tout au long de leur chemin vers la paix :

> Un semeur sortit pour semer sa semence. Comme il semait, une partie de la semence tomba le long du chemin : elle fut foulée aux pieds, et les oiseaux du ciel la mangèrent. Une autre partie tomba sur le roc : quand elle fut levée, elle sécha, parce qu'elle n'avait point d'humidité. Une autre tomba au milieu des épines : les épines crurent avec elle, et l'étouffèrent. Une autre partie tomba dans la bonne terre : quand elle fut levée, elle donna du fruit au centuple.

> La semence, c'est la parole de Dieu. Ceux qui sont le long du chemin, ce sont ceux qui entendent ; puis le diable vient, enlève de leur cœur la parole, de peur qu'ils ne croient et soient sauvés. Ceux qui sont sur le roc, ce sont ceux qui, lorsqu'ils entendent la parole, la reçoivent avec joie ; mais ils n'ont point de racine, ils croient pour un temps, et ils succombent à la tentation. Ce qui est tombé parmi les épines, ce sont ceux qui, ayant entendu la parole, s'en vont, et la laissent étouffer par les soucis, les richesses et les plaisirs de la vie, et ils ne portent point de fruit qui vienne à maturité. Ce qui est tombé dans la bonne terre, ce sont ceux qui, ayant entendu la parole avec un cœur honnête et bon, la retiennent, et portent du fruit avec persévérance.
>
> (Luc 8,5-15)

Porter des fruits de paix est le but ultime du christianisme :

> Heureux ceux qui procurent la paix, car ils seront appelés fils de Dieu !
>
> (Matthieu 5,9)

C'est à partir de cet état « d'être en paix » que les êtres humains sont appelés à faire des œuvres plus grandes.

> La Paix soit avec vous ! Comme le Père m'a envoyé, moi aussi je vous envoie.
>
> (Jean 20,21)

À travers la vie de Jésus, telle qu'elle est présentée dans les Évangiles, Dieu montre le chemin qui relie chaque personne à Lui, c'est un chemin qui conduit de l'acceptation de l'autre à la paix absolue.

Conclusion ouverte

Ce chapitre, évoquant les notions de la compréhension de l'autre, de dialogue et de la paix dans le message évangélique, n'est pas une fin en soi. Il est comme une porte ouverte qui a pour but de laisser s'installer l'éthique de la compréhension entre les religions et les êtres humains telle que la suggère Edgar Morin dans son approche philosophique et telle que la pratique le docteur Aly El-Samman à travers la promotion du dialogue interreligieux. Acceptation de l'autre, dialogue et paix deviennent possibles quand chacun de nous démontre une générosité de cœur qui nous pousse à explorer au-delà de ce que nous sommes, afin de comprendre ce qui a construit notre identité et nos valeurs.

Dr Marie-Laure Mimoun-Sorel
Université catholique australienne de Melbourne

Acceptation de l'autre, dialogue et paix dans le Coran

Préface

Le chapitre important qui nous est soumis présente les trois thèmes de l'acceptation de l'autre, du dialogue et de la paix dans le Coran. Pour illustrer ces valeurs, pour les rendre aussi lumineux que le soleil, des versets appropriés sont inclus et expliqués.

Le Coran donne des règles claires pour l'humanité et assure sans ambiguïté que tous les hommes sont créés d'un seul être. L'accent est mis sur cette origine commune de l'humanité. Dans le Coran, Dieu dit :

> Ô hommes ! Craignez votre Seigneur qui vous a créés d'un seul être, et a créé de celui-ci son épouse, et qui de ces deux-là a fait répandre (sur la terre) beaucoup d'hommes et de femmes. Craignez Allah au nom duquel vous vous implorez les uns les autres, et craignez de rompre les liens du sang. Certes Allah vous observe parfaitement.
>
> (*An-Nisa'*, « Les femmes » 4,1).

Et selon le hadith[1], le prophète Mahomet a dit :

> Vous êtes les fils d'Adam et Adam est né de la poussière[2].

Donc pour l'islam, chacun, sans exception, a le droit de vivre dans la dignité et est censé agir au service du bien commun et dans l'intérêt supérieur des gens. Les différences entre les hommes se rapportant à la couleur, la race, la langue et la religion sont une invitation faite aux hommes à se connaître et non pas être source de discorde et d'inimitié.

> Ô hommes ! Nous vous avons créés d'un mâle et d'une femelle, et Nous avons fait de vous des nations et des tribus, pour que vous vous entre-connaissiez...
>
> (*Al-Hujurat,* « Les appartements » 49,13)

Dieu évalue les personnes selon leur droiture, façon d'apprécier leur comportement envers les autres :

---

1. Le hadith, dans la terminologie islamique, est une compilation de paroles ou d'actes du prophète Mahomet ou bien de son accord tacite ou sa critique de quelque chose dit ou fait en sa présence.
2. Sunan Abu DAWUD, Livre 41, Numéro 5097.

> [...] Le plus noble d'entre vous, auprès d'Allah, est le plus pieux. Allah est certes Omniscient et Grand-Connaisseur.
>
> (Al-Hujurat, « Les appartements » 49,13)

En harmonie avec ces principes, l'islam définit sa relation avec les non-musulmans, en particulier les « gens du Livre[3] », comme étant basée sur l'intégration et la coopération, surtout en matière d'éthique et de valeurs communes promues par toutes les religions.

La façon qu'a l'islam de traiter les non-musulmans avec équité et humanité est résumée comme suit :

> Allah ne vous défend pas d'être bienfaisants et équitables envers ceux qui ne vous ont pas combattus pour la religion et ne vous ont pas chassés de vos demeures. Car Allah aime les équitables.
>
> (*Al-Mumtahanah*, « L'éprouvée » 60,8)

Dans beaucoup de versets, le Coran présente les concepts de base devant être pris en compte dans les

3. « Les gens du Livre » est un terme qui fait référence aux membres non-musulmans des religions révélées dans les Écritures. Les trois types d'adeptes de croyances désignés par le Coran comme les gens du Livre sont les juifs, les sabéens et les chrétiens.

rapports avec les autres. Ils soulignent la valeur de la tolérance, qui est étroitement liée au pardon et invitent à l'indulgence vis-à-vis des erreurs, pour traiter les hommes avec bonté et faire de bonnes actions.

La tolérance que les musulmans montrent envers les autres est surtout liée aux idées et faits introduits par l'islam dans leur cœur et leur esprit. L'une des idées les plus importantes, souvent reprises dans le Coran, c'est que tous les êtres humains sont honorés par Dieu et que les différences de religion qui existent entre eux sont fondamentales à la volonté de Dieu. C'est pourquoi les musulmans apprennent à ni juger ni obliger les autres à abandonner leur foi ou enfreindre leur religion.

Lorsque nous étudions la brillante histoire de la civilisation islamique, nous découvrons qu'elle se caractérise par la tolérance et la miséricorde. Ceci indique que l'islam, en tant que religion, promeut la miséricorde et le pardon au plus haut degré, dans la mesure où la tolérance est le fruit de la foi et la qualité de ceux qui ne cherchent pas les richesses de ce monde mais simplement désirent être plus proches de Dieu.

Si nous acceptons les principes d'acceptation de l'autre, de dialogue et de paix, nous reconnaissons la valeur de ce chapitre où l'esprit de tolérance, de respect et de bonté l'emporte. Cela démontre sans aucun doute que les éléments de consensus entre l'islam et les autres religions monothéistes sont beaucoup plus importants que les éléments de divergence, et qu'il n'y a pas d'excuse à l'isolement et à la séparation.

La décision logique qui s'offre aux hommes est de vivre ensemble sur cette terre et de construire les bases du dialogue, selon la volonté de Dieu tout-puissant. Le saint Coran et les autres écritures sacrées confirment que toutes les religions partagent deux principes importants, à savoir l'amour de dieu et l'amour de son prochain.

C'est là l'essence même de ce que l'on appelle venir à « une parole commune ».

> Dis : « Ô gens du Livre, venez à une parole commune entre nous et vous : que nous n'adorions qu'Allah, sans rien Lui associer, et que nous ne prenions point les uns les autres pour seigneurs en dehors d'Allah. » Puis, s'ils tournent le dos, dites : « Soyez témoins que nous, nous sommes soumis. »
>
> (*Al-Imran*, « La famille d'Imran » 3,64)

J'implore le ciel que l'auteur soit récompensé pour la clarté de sa vision et que le lecteur tire profit de ces propos.

Dr Aly GOMAA
Mufti de la République arabe d'Égypte

Un message d'unité

Introduction

Tout au long de l'histoire de l'humanité, l'acceptation de l'autre, le dialogue et la paix ont été cruciaux pour la coexistence des différentes religions. Le saint Coran, qui est le fondement de l'islam et la première référence pour tous les musulmans, analyse en profondeur ces notions et en fait une description détaillée dans le texte saint.

Les lecteurs du Coran remarqueront que les mots révélés à l'époque de son écriture n'ont pas toujours le même sens qu'ils ont aujourd'hui. Cependant, leur signification, telle que comprise à l'époque de la révélation du Coran il y a quatorze siècles, n'est pas seulement incluse dans le texte, elle en définit les principaux thèmes. Avant d'en donner des exemples, il est utile d'étudier les mots arabes pour « religion » et « islam » de même que la relation parmi les religions monothéistes.

Sens des mots « religion » et « islam » en Arabe

Dans la langue arabe, le mot « religion » ou *din* vient de la racine des trois lettres du verbe *dan*. Il a un sens transitif qui varie suivant la préposition qui le suit. Plusieurs significations en découlent comme : obéir, se soumettre, être guidé, posséder, croire et suivre. Dans la terminologie des savants musulmans, le mot « religion » signifie en particulier la soumission à Dieu et l'observance de Ses règles, dans la mesure où ce sont les conseils divins qui nous font découvrir la vérité dans la conviction, nous enseignent à faire de bonnes actions et à être bienveillants envers les autres.

Pour ce qui est du mot « islam », en Arabe il vient du verbe *aslama* qui signifie « abandonner » (s'abandonner à Dieu). Dans le Coran, le mot « islam » n'est pas utilisé pour désigner une religion en particulier mais plutôt comme le nom de la religion commune suivie par tous les prophètes au cours de l'histoire et adoptée par leurs adeptes. En d'autres termes, le message de Mahomet est venu confirmer et préciser cette religion commune.

Relation entre les religions monothéistes dans l'islam

Lorsque le Coran a été révélé à Mahomet, l'islam n'était pas décrit comme une nouvelle religion mais plutôt comme la religion des prophètes et des anciennes nations :

> Il vous a légiféré en matière de religion, ce qu'Il avait enjoint à Noé, ce que Nous t'avons révélé, ainsi que ce que Nous avons enjoint à Abraham, à Moïse et à Jésus : « Établissez la religion ; et n'en faites pas un sujet de division. » Ce à quoi tu appelles les associateurs leur paraît énorme. Allah élit et rapproche de Lui qui Il veut et guide vers Lui celui qui se repent.
>
> (*Achoura*, « La consultation » 42,13)

Avant même que le Coran ne soit révélé à Mahomet, les gens du Livre (juifs et chrétiens) étaient déjà soumis à Dieu, ce qui est, par définition, la pratique de l'islam. Dieu donne une description historique des paroles de Moïse s'adressant au peuple d'Israël :

> Et Moïse dit : « Ô mon peuple, si vous croyez en Allah, placez votre confiance en Lui si vous (Lui) êtes soumis. »
>
> (*Yunus*, « Jonas » 10,84)

Ainsi, ces croyants de première heure furent considérés « musulmans », bien avant la naissance de Mahomet.

Les disciples de Jésus en donnent confirmation dans le Coran :

> Puis, quand Jésus ressentit de l'incrédulité de leur part, il dit : « Qui sont mes alliés dans la voie d'Allah ? » Les apôtres dirent : « Nous sommes les alliés d'Allah. Nous croyons en Allah. Et sois témoin que nous Lui sommes soumis. »
>
> (*Al-'Imran*, « La famille d'Imran » 3,52)

Et quand les gens du Livre entendirent le Coran, ils ont compris qu'il s'agissait de la même religion :

> Et quand on le leur récite, ils disent : « Nous y croyons. Ceci est bien la vérité émanant de notre Seigneur. Déjà avant son arrivée, nous étions Soumis. »
>
> (*Al-Qasas*, « Le récit » 28,53)

L'islam est présenté comme étant indissociable des autres religions et les prophètes dans les livres saints antérieurs y sont mentionnés dans ce contexte à plusieurs reprises :

> Dis : « Nous croyons en Allah, à ce qu'on a fait descendre sur nous, à ce qu'on a fait descendre

sur Abraham, Ismaël, Isaac, Jacob et les Tribus, et à ce qui a été apporté à Moïse, à Jésus et aux prophètes, de la part de leur Seigneur : nous ne faisons aucune différence entre eux ; et c'est à Lui que nous sommes Soumis. »

(*Al-'Imran*, « La famille d'Imran » 3,84)

L'islam exige une foi sans faille en tout ce qui vient de Dieu, dans le cadre d'une soumission personnelle à Dieu :

Il ne leur a été commandé, cependant, que d'adorer Allah, Lui vouant un culte exclusif, d'accomplir la Salat et d'acquitter la Zakat. Et voilà la religion de droiture.

(*Al-Bayyinah*, « La preuve » 98,5)

Cette foi s'applique à tous les prophètes, indépendamment de leur confession, et à tous les livres saints, quels que soient la langue, le lieu ou le temps. Le Coran explique que chaque prophète avait un pacte avec Dieu qui le reliait à la croyance de tous les autres venant avec le même message :

Et lorsqu'Allah prit cet engagement des prophètes : « Chaque fois que Je vous accorderai

> un Livre et de la Sagesse, et qu'ensuite un messager vous viendra confirmer ce qui est avec vous, vous devez croire en lui, et vous devrez lui porter secours. » Il leur dit : « Consentez-vous et acceptez-vous Mon pacte à cette condition ? – Nous consentons », dirent-ils. « Soyez-en donc témoins, dit Allah. Et Me voici, avec vous, parmi les témoins. »
>
> (*Al-'Imran*, « La famille d'Imran » 3,81)

Le Coran décrit la naissance virginale de Jésus et explique que ce miracle a été accompli pour une communauté de gens, tous partageant la même foi en Dieu :

> Et celle [la vierge Marie] qui avait préservé sa chasteté ! Nous insufflâmes en elle un souffle (de vie) venant de Nous et fîmes d'elle ainsi que de son fils, un signe [miracle] pour l'univers. Certes, cette communauté qui est la vôtre est une communauté unique, et Je suis votre Seigneur. Adorez-Moi donc.
>
> (*Al-Anbiya'*, « Les prophètes » 21,91-92)

Noé utilise le mot « islam » comme synonyme de soumission à la volonté de Dieu en invitant les siens à se joindre à lui pour affronter le déluge :

> Si vous vous détournez, alors je ne vous ai pas demandé de salaire... Mon salaire n'incombe qu'à Allah. Et il m'a été commandé d'être du nombre des soumis.
>
> (*Yunus*, « Jonas » 10,72)

Le Coran décrit le legs d'Abraham comme preuve de sa foi en l'islam ou sa soumission à la volonté de Dieu :

> Et c'est ce que Abraham recommanda à ses fils, de même que Jacob : « Ô mes fils, certes Allah vous a choisi la religion : ne mourrez point, donc, autrement qu'en Soumis [à Allah] ! »
>
> (*Al-Baqarah*, « La vache » 2,132)

Sur le lit de mort de Jacob, ses fils lui promettent de ne croire qu'en un seul Dieu :

> Étiez-vous témoins quand la mort se présenta à Jacob et qu'il dit à ses fils : « Qu'adorerez-vous après moi ? » Ils répondirent : « Nous adorerons ta divinité et la divinité de tes pères, Abraham, Ismaël et Isaac, Divinité Unique et à laquelle nous sommes Soumis. »
>
> (*Al-Baqarah*, « La vache » 2,133)

Dieu décrit la relation du prophète Mahomet avec les prophètes antérieurs comme une continuité :

> Et Nous avons envoyé après eux Jésus, fils de Marie, pour confirmer ce qu'il y avait dans la Torah avant lui. Et Nous lui avons donné l'Évangile, où il y a guide et lumière, pour confirmer ce qu'il y avait dans la Torah avant lui, et un guide et une exhortation pour les pieux.
>
> (*Al-Maidah*, « La table servie » 5,46)

Le prophète Mahomet a été envoyé pour confirmer la vérité des messages des prophètes qui l'ont précédé :

> Il est plutôt venu avec la vérité et il a confirmé les messagers [précédents].
>
> (*As-Saffat*, « Les rangés » 37,37).

Et chaque livre antérieur inspiré par Dieu – la Torah de Moïse et l'Évangile de Jésus – est en accord avec le Coran comme guide de l'humanité :

> Il a fait descendre sur toi le Livre avec la vérité, confirmant les Livres descendus avant lui. Et Il fit descendre la Torah et l'Évangile auparavant, en

> tant que guide pour les gens. Et Il a fait descendre le Discernement...
>
> (*Al-'Imran*, « La famille d'Imran » 3,3-4)

Cependant, c'est réducteur de considérer cette relation harmonieuse entre les livres saints comme une situation où les textes les plus récents confirment les plus anciens en répétant la même information sans modifications. Des changements ont été apportés avec chaque message et avec chaque nouveau livre.

Par exemple, dans la description d'un message que Dieu a chargé Jésus de transmettre, le Coran illustre comment le Nouveau Testament entretient et modifie à la fois les lois de l'Ancien Testament :

> Et je confirme ce qu'il y a dans la Torah révélée avant moi, et je vous rends licite une partie de ce qui était interdit. Et j'ai certes apporté un signe de votre Seigneur. Craignez Allah donc, et obéissez-moi.
>
> (*Al-'Imran*, « La famille d'Imran » 3,50)

Le Coran, à son tour, a apporté des modifications à certaines lois de l'Ancien et du Nouveau Testaments. Le prophète Mahomet a fait ces ajustements conformément aux paroles de Dieu, telles qu'elles lui ont été transmises dans le Coran :

> Ceux qui suivent le Messager, le Prophète illettré qu'ils trouvent écrit (mentionné) chez eux dans la Torah et l'Évangile. Il leur ordonne le convenable, leur défend le blâmable, leur rend licites les bonnes choses, leur interdit les mauvaises, et leur ôte le fardeau et les jougs qui étaient sur eux. Ceux qui croiront en lui, le soutiendront, lui porteront secours et suivront la lumière descendue avec lui ; ceux-là seront les « gagnants ».
>
> (*Al-Araf*, « Les hauteurs » 7,157)

L'islam ne considère pas la modification d'une loi d'un autre livre saint comme une annulation ou une invalidation. La modification est au contraire interprétée comme signe de continuité et de pertinence en permettant la flexibilité sans abandonner la tradition :

> Si Nous abrogeons un verset quelconque ou que Nous le fassions oublier, Nous en apportons un meilleur, ou un semblable. Ne sais-tu pas qu'Allah est Omnipotent ?
>
> (*Al-Baqarah*, « La vache » 2,106)

Le judaïsme a eu le souci de fixer les principes fondamentaux de l'éthique dans l'Ancien Testament :

> Tu ne tueras point. Tu ne commettras point d'adultère. Tu ne déroberas point.
>
> (Exode 20,13-15)

Dans le Nouveau Testament du christianisme, les lois fondamentales sont aussi mises en relief et d'autres valeurs morales y ont été ajoutées, comme la modestie et la compassion :

> Lors donc que tu fais l'aumône, ne sonne pas de la trompette devant toi, comme font les hypocrites dans les synagogues et dans les rues, afin d'être glorifiés par les hommes.
>
> (Matthieu 6,2)

Et :

> Aimez vos ennemis, faites du bien à ceux qui vous haïssent.
>
> (Luc 6,27)

Les lois fondamentales sont combinées aux principes moraux et valeurs d'éthique dans le Coran :

> Si quelqu'un te frappe sur la joue droite, présente-lui aussi l'autre.
>
> (Matthieu 5,39)

> Certes, Allah commande l'équité, la bienfaisance et l'assistance aux proches. Et Il interdit la turpitude, l'acte répréhensible et la rébellion. Il vous exhorte afin que vous vous souveniez.
>
> (*An-Nahl*, « Les abeilles » 16,90)

On peut trouver des apparentes contradictions parmi les livres saints, comme la loi de l'Ancien Testament :

> Œil pour œil, dent pour dent, main pour main, pied pour pied.
>
> (Deutéronome 19,21)

Et l'injonction du Nouveau Testament :

> Si quelqu'un te frappe sur la joue droite, présente-lui aussi l'autre
>
> (Matthieu 5,39).

Dans une démonstration du mode d'intégration des anciennes lois au fil du temps, le Coran explique que la sanction et le pardon ne sont pas incompatibles :

> La sanction d'une mauvaise action est une mauvaise action [une peine] identique. Mais

quiconque pardonne et réforme, son salaire incombe à Allah. Il n'aime point les injustes !

(*Achoura*, « La consultation » 42,40)

*

Acceptation de l'autre

Quiconque lit minutieusement le Coran sera amené à accepter l'autre, tant du point de vue du principe religieux qu'en termes de comportement. Au niveau du principe, il a été enseigné aux musulmans d'accepter l'autre avec toutes ses différences, quelles que soient sa religion, sa race, son sexe ou sa couleur. Sur le plan du comportement au quotidien, l'acceptation est souvent exprimée par le pardon.

Les origines communes de l'humanité

Dans le Coran, Dieu explique que tous les êtres humains sont de même origine et qu'Il les tient en haute estime :

> Certes, Nous avons honoré les fils d'Adam. Nous les avons transportés sur terre et sur mer, leur avons attribué de bonnes choses comme nourriture, et Nous les avons nettement préférés à plusieurs de Nos créatures.
>
> (*Al-Isra,* « Le voyage nocturne » 17,70)

Dieu est décrit comme étant compatissant et miséricordieux pour tous les hommes sans discrimination :

> ... car Allah, certes est Compatissant et Miséricordieux pour tous les hommes.
>
> (*Al-Baqarah*, « La vache » 2,143)

Le terme « hommes » se rapporte à tous les êtres humains, redevables devant Dieu et ayant eu instruction d'adorer Dieu :

> Ô hommes ! Adorez votre Seigneur, qui vous a créés vous et ceux qui vous ont précédés. Ainsi atteindriez-vous à la piété.
>
> (*Al-Baqarah*, « La vache » 2,21)

Et chaque individu représente l'humanité tout entière, sans distinction de religion, de race ou de couleur :

> Quiconque tuerait une personne... c'est comme s'il avait tué tous les hommes. Et quiconque lui fait don de la vie, c'est comme s'il faisait don de la vie à tous les hommes.
>
> (*Al-Maidah*, « La table servie » 5,32)

À l'origine, tous les gens formaient une seule communauté :

> Les gens formaient [à l'origine] une seule communauté [croyante]. Puis, [après leurs divergences] Allah envoya des prophètes comme annonciateurs et avertisseurs ; et Il fit descendre avec eux le Livre contenant la vérité, pour régler parmi les gens leurs divergences.
>
> (*Al-Baqarah*, « La vache » 2,213)

Finalement, ils ont divergé et ont formé des communautés distinctes :

> Les gens ne formaient [à l'origine] qu'une seule communauté. Puis ils divergèrent. Et si ce n'était une décision préalable de ton Seigneur, les litiges qui les opposaient auraient été tranchés.
>
> (*Yunus*, « Jonas » 10,19)

Cette divergence était la volonté de Dieu :

> Et si ton Seigneur avait voulu, Il aurait fait des gens une seule communauté. Or, ils ne cessent d'être en désaccord [entre eux].
>
> (*Hud*, « Hud » 11,118)

Dieu a souligné que de telles divergences entre les hommes visent à ce qu'ils apprennent à se connaître les uns les autres et non pas à semer la discorde :

> Ô hommes ! Nous vous avons créés d'un mâle et d'une femelle, et Nous avons fait de vous des nations et des tribus, pour que vous vous entre-connaissiez. Le plus noble d'entre vous, auprès d'Allah, est le plus pieux. Allah est certes Omniscient et Grand-Connaisseur.
>
> (*Al-Hujurat,* « Les appartements » 49,13)

Il a commandé aux hommes d'honorer leurs parents même s'ils sont adeptes d'une autre religion :

> Nous avons commandé à l'homme [la bienfaisance envers] ses père et mère ; sa mère l'a porté [subissant pour lui] peine sur peine : son sevrage a lieu à deux ans. « Sois reconnaissant envers Moi ainsi qu'envers tes parents. Vers Moi est la destination.
>
> Et si tous deux te forcent a M'associer ce dont tu n'as aucune connaissance, alors ne leur obéis pas ; mais reste avec eux ici-bas de façon convenable. Et suis le sentier de celui qui se tourne vers Moi. Vers Moi, ensuite, est votre

> retour, et alors Je vous informerai de ce que vous faisiez. »
>
> (*Luqman*, « Luqman » 31,14-15)

Dans l'histoire de David et Goliath, le Coran donne un exemple de la façon dont Dieu a mis sur terre toutes sortes de gens pour apporter l'équilibre :

> Ils les mirent en déroute, par la grâce d'Allah. Et David tua Goliath ; et Allah lui donna la royauté et la sagesse, et lui enseigna ce qu'Il voulut. Et si Allah ne neutralisait pas une partie des hommes par une autre, la terre serait certainement corrompue. Mais Allah est Détenteur de la Faveur pour les mondes.
>
> (*Al-Baqarah*, « La vache » 2,251)

L'histoire de l'essor et du déclin des nations et des individus au fil du temps illustre la façon dont Dieu procède pour enseigner aux hommes à ne pas tomber dans le piège d'une supposée supériorité. Rien n'est jamais acquis :

> Si une blessure vous atteint, pareille blessure atteint aussi l'ennemi. Ainsi faisons-Nous alterner les jours [bons et mauvais] parmi les gens, afin qu'Allah reconnaisse ceux qui ont cru...
>
> (*Al-'Imran*, « La famille d'Imran » 3,140)

Et Dieu promet que le paradis sera la dernière demeure pour ceux qui sont justes tout en restant sans prétention :

> Cette Demeure dernière, Nous la réservons à ceux qui ne recherchent, ni à s'élever sur terre, ni à y semer ma corruption. Cependant, l'heureuse fin appartient aux pieux.
>
> (*Al-Qasas*, « Le récit » 28,83)

Le pardon, chemin vers la reconnaissance

En termes de comportement au quotidien des individus, la formulation même « acceptation de l'autre » n'existe pas dans le Coran. Cependant, le Coran encourage le pardon, ce qui revient à accepter l'autre. Le mot « pardon » et ses dérivés sont mentionnés 27 fois dans le Coran.

Dieu est généreux en matière de pardon :

> Il vous a pardonné et vous a graciés...
>
> (*Al-Baqarah*, « La vache » 2,187)

Il pardonne les hommes pour les erreurs qu'ils ont commises :

> Allah a pardonné ce qui est passé...
>
> (*Al-Maidah*, « La table servie » 5,95)

Il accorde le pardon total :

> Mais, certes, Allah leur a pardonné. Car vraiment Allah est Pardonneur et indulgent !
>
> (*Al-'Imran*, « La famille d'Imran » 3,155)

L'homme a le droit de riposter, mais le Coran l'exhorte à pardonner une fois son droit reconnu :

> La sanction d'une mauvaise action est une mauvaise action [une peine] identique. Mais quiconque pardonne et réforme, son salaire incombe à Allah. Il n'aime point les injustes !
>
> (*Achoura*, « La consultation » 42,40)

Le pardon de Dieu va de pair avec Sa façon de traiter avec les hommes :

> Mais si vous [les] excusez passez sur [leurs] fautes et [leur] pardonnez, sachez qu'Allah est Pardonneur, Très Miséricordieux.
>
> (*At-Tagabun*, « La grande perte » 64,14)

Et Dieu attache une telle importance à la miséricorde qu'Il a commandé au prophète Mahomet de pardonner les autres et d'implorer pour eux Son pardon :

> C'est par quelque miséricorde de la part d'Allah que tu [Muhammad] as été si doux envers eux ! Mais si tu étais rude, au cœur dur, ils se seraient enfuis de ton entourage. Pardonne-leur donc, et implore pour eux le pardon [d'Allah]...
>
> (*Al-'Imran*, « La famille d'Imran » 3,159)

*

Dialogue

Le Coran stipule que les différences entre les hommes sont le dessein de Dieu et que pour coexister ils doivent communiquer. La base essentielle de la communication réside dans l'origine commune de toutes les religions monothéistes et de leurs livres saints, de même que la conviction commune que seul Dieu a le droit de juger.

Compréhension mutuelle parmi les religions

Le Coran souligne la nécessité du dialogue entre les hommes dans le but d'atteindre une compréhension mutuelle, plutôt que la contrainte. Ceci est d'autant plus vrai en matière de conversion religieuse.

Lorsqu'il s'agit d'œuvrer pour une compréhension mutuelle, Dieu commande au prophète Mahomet (et les musulmans après lui) de chercher des points communs avec les adeptes des autres religions monothéistes. Leur dialogue devrait être fondé sur le principe de vénération et de croyance en un seul Dieu :

> Dis : « Ô gens du Livre, venez à une parole commune entre nous et vous : que nous n'adorions qu'Allah, sans rien Lui associer, et que nous ne prenions point les uns les autres pour seigneurs en dehors d'Allah ». Puis, s'ils tournent le dos, dites : « Soyez témoins que nous, nous sommes soumis. »
>
> (*Al-'Imran*, « La famille d'Imran » 3,64)

Devant Dieu, musulmans, juifs et chrétiens sont égaux dans la mesure où ils sont tous monothéistes. Ils partagent les mêmes croyances de base et seront récompensés équitablement s'ils sont justes :

> Certes, ceux qui ont cru, ceux qui se sont judaïsés, les Nazaréens, et les Sabéens, quiconque d'entre eux a cru en Allah, au Jour dernier et accompli de bonnes œuvres, sera récompensé par son Seigneur ; il n'éprouvera aucune crainte et il ne sera jamais affligé.
>
> (Al-Baqarah, « La vache » 2,62)

Comme chaque religion monothéiste confirme la précédente et que tous les livres saints sont complémentaires les uns des autres, il n'y a pas de raison de contraindre les gens du Livre. Selon le Coran, toutes les religions émanent de Dieu :

> Dites : « Nous croyons en Allah et en ce qu'on nous a révélé, et en ce qu'on n'a fait descendre vers Abraham et Ismaël et Isaac et Jacob et les Tribus, et en ce qui a été donné à Moïse et à Jésus, et en ce qui a été donné aux prophètes, venant de leur Seigneur : nous ne faisons aucune distinction entre eux. Et à Lui nous sommes Soumis. »
>
> (*Al-Baqarah*, « La vache » 2 : 136)

La diversité des croyances, c'est la volonté de Dieu

Tous les gens sont tenus de discuter des différences religieuses de la meilleure façon et avec respect :

> Par la sagesse et la bonne exhortation appelle (les gens) au sentier de ton Seigneur. Et discute avec eux de la meilleure façon. Car c'est ton Seigneur qui connaît le mieux celui qui s'égare de Son sentier et c'est Lui qui connaît le mieux ceux qui sont bien guidés.
>
> (*An-Nahl*, « Les abeilles » 16,125)

Et il leur est rappelé que la diversité en matière de doctrine et de croyance est la volonté de Dieu :

> Si ton Seigneur l'avait voulu, tous ceux qui sont sur la terre auraient cru. Est-ce à toi de contraindre les gens à devenir croyants ?
>
> (*Yunus*, « Jonas » 10,99)

Par conséquent, les conversations en matière de religion ne devraient jamais être utilisées pour contraindre les autres, ou même essayer de les convaincre de renoncer à leur doctrine. Le concept est si souvent présenté dans le Coran qu'il ne peut être résumé en quelques lignes. À titre d'exemple :

> Nulle contrainte en religion ! Car le bon chemin s'est distingué de l'égarement. Donc, quiconque mécroit au Rebelle tandis qu'il croit en Allah saisit l'anse la plus solide, qui ne peut se briser. Et Allah est Audient et Omniscient.
>
> (*Al-Baqarah*, « La vache » 2,256)

Quels que soient la religion ou le livre saint suivi par une personne, seul Dieu a le pouvoir de déterminer les conséquences des actes, de juger si les doctrines sont justes ou fausses et de juger si les actions sont bonnes ou mauvaises. Il tranchera tout le Jour du jugement :

> Certes, ceux qui ont cru, les Juifs, les Sabéens [ils adorateurs des étoiles], les Nazaréens, les Mages et ceux qui donnent à Allah des associés, Allah tranchera entre eux le jour de Jugement, car Allah est certes témoin de toute chose.
>
> (*Al-Hajj*, « Le pèlerinage » 22,17)

Pas même les prophètes de Dieu avaient le droit de juger les hommes :

> Eh bien, rappelle ! Tu n'es qu'un rappeleur, et tu n'es pas un dominateur sur eux.
>
> (*Al-Gasiyah*, « L'enveloppante » 88,21-22)

Les prophètes ne sont venus que pour informer et rappeler à l'humanité la vérité.

> Il n'incombe au Messager de transmettre (le message). Et Allah sait ce que vous divulguez tout comme ce que vous cachez.
>
> (*Al-Maidah*, « La table servie » 5,99)

*

Paix

La paix est une des valeurs les plus fondamentales dans l'islam. Le mot « paix » est mentionné 67 fois dans le Coran et sert à guider les relations entre Dieu et les hommes ; entre les musulmans et les gens du Livre ; et parmi les hommes au paradis. Selon le Coran, quand une personne se soumet à Dieu, elle choisit la paix plutôt que la guerre et convient de rechercher l'harmonie dans les rapports avec les autres, quelle que soit leur religion. Même en cas de conflit, l'accomplissement de la justice n'est pas une fin en soi. L'objectif, c'est la paix.

Respect et humilité

Le Coran donne des indications en vue de maintenir des relations pacifiques entre les hommes :

> Si on vous fait une salutation, saluez d'une façon meilleure ; ou bien rendez-la (simplement). Certes, Allah tient compte de tout.
>
> (*An-Nisa'*, « Les femmes » 4,86)

Dieu décrit la nuit où le Coran a été révélé à Mahomet comme la nuit de la paix :

> Elle est paix et salut jusqu'à l'apparition de l'aube.
>
> (*Al-Qadr*, « La Destinée » 97,5)

Les musulmans sont enjoints d'accueillir tous les croyants par des paroles de paix :

> Et lorsque viennent vers toi ceux qui croient à nos versets (le Coran), dis : « Que la paix soit sur vous ! Votre Seigneur S'est prescrit à Lui-même la miséricorde. Et quiconque d'entre vous a fait un mal par ignorance, et ensuite s'est repenti et s'est réformé... Il est, alors, Pardonneur et Miséricordieux. »
>
> (*Al-Anam*, « Les bestiaux » 6,54)

Quand les anges sont apparus sous forme humaine au prophète Abraham, il les a accueillis par des paroles de paix et s'est occupé d'eux, sans même savoir qui ils étaient :

> Et Nos émissaires sont, certes, venus à Abraham avec la bonne nouvelle, en disant : « Salam ! » Il

> dit : « Salam ! », et il ne tarda pas à apporter un veau rôti.
>
> (*Hud*, « Hud » 11,69)

Si quelqu'un exprime des futilités, le Coran enseigne aux musulmans de l'ignorer et de lui souhaiter de vivre en paix :

> Et quand ils entendent des futilités, ils s'en détournent et disent : « À nous nos actions, et à vous les vôtres. Paix sur vous. Nous ne recherchons pas les ignorants. »
>
> (*Al-Qasas*, « Le récit » 28,55)

Agir ainsi, c'est être courtois et faire preuve d'humilité :

> Les serviteurs du Tout Miséricordieux sont ceux qui marchent humblement sur terre, qui, lorsque les ignorants s'adressent à eux, disent : « Paix. »
>
> (*Al Furqane*, « Le discernement » 25,63)

Les conseils divins sont assimilés aux chemins de la paix :

> Par ceci (le Coran), Allah guide aux chemins du salut ceux qui cherchent Son agrément. Et Il les

> fait sortir des ténèbres à la lumière par Sa grâce.
> Et Il les guide vers un chemin droit.
> (*Al-Maidah*, « La table servie » 5,16)

Dieu récompense les croyants par la vie éternelle dans le ciel, ce qui est appelé « la demeure de la paix » :

> Allah appelle à la demeure de la paix et guide qui Il veut vers un droit chemin.
> (*Yunus*, « Jonas » 10,25)

Car la relation entre les hommes dans le ciel repose sur la paix :

> Là, leur invocation sera « Gloire à Toi, ô Allah », et leur salutation : « Salam », [Paix !]...
> (*Yunus*, « Jonas » 10,10)

Les prophètes de la paix

L'idéal de paix prédomine dans le Coran lorsque Dieu évoque les actes des prophètes précédents. Dans le récit de l'histoire de Jésus, l'accent est mis sur la paix qui était sur lui. Dans la sourate consacrée à sa mère Marie (Mariam) Jésus dit :

> Et que la paix soit sur moi le jour où je naquis, le jour où je mourrai, et le jour où je serai ressuscité vivant.
>
> (*Mariam,* « Marie » 19,33)

Quand le déluge cesse, Dieu invite Noé et ses compagnons à débarquer de l'Arche en paix :

> Il fut dit : « Ô Noé, débarque avec Notre sécurité et Nos bénédictions sur toi et sur des communautés [issues] de ceux qui sont avec toi. Et il y (en) aura des communautés auxquelles Nous accorderons une jouissance temporaire ; puis un châtiment douloureux venant de Nous les touchera. »
>
> (*Hud,* « Hud » 11,48)

Alors que Moise et son frère Aaron se préparent à rencontrer Pharaon, Dieu leur commande de dire à Pharaon que la paix viendra sur lui s'il libère les enfants d'Israël :

> Allez donc chez lui ; puis, dites-lui : « Nous sommes tous deux, les messagers de ton Seigneur. Envoie donc les Enfants d'Israël en

> notre compagnie et ne les châtie plus. Nous sommes venus à toi avec une preuve de la part de ton Seigneur. Et que la paix soit sur quiconque suit le droit chemin ! »
>
> (*Ta-Ha*, « Ta-Ha » 20,47)

Conflit et résolution

En période de conflit, le Coran commande aux musulmans de tendre la main de la paix à tous ceux qui l'acceptent ou la demandent :

> Et s'ils inclinent à la paix, incline vers celle-ci (toi aussi) et place ta confiance en Allah, car c'est Lui l'Audient, l'Omniscient.
>
> (*Al-Anfal*, « Le butin » 8,61)

Si, lors d'un conflit, l'une des parties demande la paix, l'autre doit l'accepter :

> (Par conséquent) s'ils restent neutres à votre égard et ne vous combattent point, et qu'ils vous offrent la paix, alors, Allah ne vous donne pas de chemin contre eux.
>
> (*An-Nisa'*, « Les femmes » 4,90)

Et si l'une des parties continue son agression, l'autodéfense est permise, sans dépasser le niveau de l'attaque initiale. Au bout du compte, la réconciliation est la meilleure solution :

> La sanction d'une mauvaise action est une mauvaise action [une peine] identique. Mais quiconque pardonne et réforme, son salaire incombe à Allah. Il n'aime point les injustes !
>
> (*Achoura,* « La consultation » 42,40)

Tout le monde aspire à la paix. C'est l'objectif le plus ambitieux de l'humanité. Toutes les religions monothéistes appellent à la paix et supplient les hommes d'œuvrer dans ce sens. Avec un tel engagement, la voie de l'acceptation de l'autre tel qu'il est, de l'acceptation du dialogue pour atteindre à la compréhension, devrait inéluctablement conduire à la paix.

Conclusion

Cette brève analyse des versets du Coran démontre clairement que travailler pour la paix, utiliser le dialogue pour parvenir à un accord, et accepter l'autre sont des valeurs fondamentales dans l'islam. Le Coran illustre ces thèmes à maintes reprises lorsqu'il appelle tous les hommes de foi à vivre en paix, indépendamment de leurs inévitables divergences.

Dr Mahmoud AZAB
Conseiller du Grand Imam pour le dialogue interreligieux

Dr Abdel Moity BAYYOUMI
Doyen de la Faculté de théologie de l'université d'Al-Azhar

Index des noms

Biographies des contributeurs
(par ordre alphabétique)

Mgr Mounir Hanna Anis est évêque du diocèse anglican d'Égypte, d'Afrique du Nord et de la Corne d'Afrique et le président de la Province anglicane de Jérusalem et du Moyen-Orient. En 2001, il a participé à la signature d'un accord pour le dialogue entre Al-Azhar et la Communion anglicane.

Dr Mahmoud Azab, conseiller du Grand Imam d'Al-Azhar pour le dialogue interreligieux, est professeur de civilisations sémitiques et islamiques à l'Institut national des langues et civilisations orientales (INALCO) à Paris ; et membre fondateur du Conseil scientifique du Centre civique d'études sur le fait religieux (CCEFR) à Montreuil.

Dr Abdel Moity Bayyoumi (décédé) ancien doyen de la Faculté de théologie de l'Université d'Al-Azhar au Caire. Auteur de nombreux traités de théologie, il faisait partie de l'Académie de recherche islamique d'Al-Azhar Al-Charif, du Conseil suprême des affaires islamiques au Caire et de l'Association internationale des diplômés d'Al-Azhar.

Dr Ali El-Samman est président de l'Union internationale pour le dialogue interculturel et religieux et l'éducation de la paix ; et co-président de la Commission religieuse du projet Aladin. Anciennement, il était président du Comité pour le dialogue interreligieux du Conseil supérieur islamique d'Égypte ; conseiller du grand imam d'Al-Azhar pour le dialogue interreligieux ; et conseiller du président Anouar Sadate pour l'information extérieure.

Mgr Michael Louis Fitzgerald, archevêque catholique, est l'ancien président du Conseil pontifical pour le dialogue interreligieux, ancien nonce apostolique du Vatican en Égypte et ancien délégué du Vatican auprès de la Ligue des États arabes. En 1998, il a participé à la signature d'un accord pour le dialogue entre Al-Azhar et le Vatican.

Grand Mufti Aly Gomaa, l'ancien mufti d'Égypte, est l'un des membres éminents de l'Académie de recherche islamique d'Al-Azhar, de même que président du conseil d'administration de l'importante organisation caritative Misr El Kheir. Ancien professeur de jurisprudence islamique de l'Université d'Al-Azhar, Gomaa a écrit plus de soixante ouvrages portant sur diverses questions islamiques et a été rédacteur en chef de l'Encyclopédie des hadiths.

Dr Marie-Laure Mimoun-Sorel, enseignante et chercheure, titulaire d'un doctorat en approche pluridisciplinaire de l'enseignement de l'Université catholique australienne de Melbourne. Elle promeut activement la compréhension entre les personnes de différentes cultures et religions, et en 1994, elle a contribué au Programme du dialogue interreligieux de l'Unesco qui a donné lieu à la « Déclaration sur le rôle de la religion dans la promotion d'une culture de la paix ».

Grand Rabbin David Rosen, l'ancien grand rabbin d'Irlande, est directeur des affaires interreligieuses du Comité juif américain (AJC) et conseiller honoraire pour le dialogue interreligieux du Grand Rabbinat d'Israël. En 2005, le pape Benoît XVI l'a fait chevalier du Vatican pour sa contribution à la réconciliation judéo-chrétienne ; et en 2010, la reine Élisabeth II l'a fait Commandeur dans l'Ordre de l'Empire britannique pour son action dans le cadre de la compréhension interreligieuse.

Rabbin Michel Serfaty, spécialiste de Massorah et de lexicographie biblique, est professeur émérite de l'Université de Lorraine-Nancy 2 ; le rabbin du département de l'Essonne et de Ris-Orangis ; et le président fondateur de l'Amitié judéo-musulmane de France.

Grand Rabbin René-Samuel Sirat, l'ancien grand rabbin de France, est professeur émérite aux Universités de Paris et de Jérusalem ; le vice-président de la Conférence des rabbins européens ; le Secrétaire général de la Fondation pour la recherche et le dialogue interreligieux et interculturel (FIIRD), Genève ; le directeur honoraire de la chaire Unesco « Connaissance réciproque des religions du Livre et enseignement de la paix » ; et le co-président de la Commission religieuse du projet Aladin.

Table

ACCEPTATION DE L'AUTRE, DIALOGUE ET PAIX DANS LES ÉVANGILES

Achevé d'imprimer le 13 janvier 2014
sur les presses de
La Manufacture - *Imprimeur* – 52200 Langres
Tél. : (33) 325 845 892

N° imprimeur : 131041 - Dépôt légal : janvier 2014
Imprimé en France

Composition et mise en pages réalisées par

Compo 66 – Perpignan

585/2013